BIBLIOTHÈQUE OMNIBUS

CHOIX

DES PLUS JOLIES FABLES

DE M.

DE FLORIAN

ÉDITION ORNÉE DE GRAVURES.

O. D.

PARIS

DELARUE, LIBRAIRE-ÉDITEUR

3, RUE DES GRANDS-AUGUSTINS

CHOIX

DES PLUS JOLIES FABLES

DE

M. DE FLORIAN

PARIS. — IMP. V. GOUPY ET Ce, RUE GARANCIÈRE, 5.

PAR PERMISSION DE M^r LE
LIEUTENANT DE POLICE

HENRY EMY

CHOIX

DES PLUS JOLIES FABLES

DE

M. DE FLORIAN

Édition ornée de gravures

O. D.

PARIS

DELARUE, LIBRAIRE-ÉDITEUR

3, RUE DES GRANDS-AUGUSTINS

1865

1

LA FABLE ET LA VÉRITÉ

La Vérité toute nue
Sortit un jour de son puits.
Ses attraits par le temps étaient un peu détruits ;
Jeunes et vieux fuyaient sa vue.
La pauvre Vérité restait là morfondue,
Sans trouver un asile où pouvoir habiter.
A ses yeux vient se présenter
La Fable richement vêtue,
Portant plumes et diamants,
La plupart faux, mais très-brillants.
« Eh ! vous voilà ? bonjour, dit-elle :
Que faites-vous ici seule sur un chemin ? »

La Vérité répond : « Vous le voyez, je gèle.
    Aux passants je demande en vain
    De me donner une retraite,
Je leur fais peur à tous. Hélas! je le vois bien,
    Vieille femme n'obtient plus rien.
    — Vous êtes pourtant ma cadette,
    Dit la Fable; et, sans vanité,
    Partout je suis fort bien reçue.
    Mais aussi, dame Vérité,
    Pourquoi vous montrer toute nue?
Cela n'est pas adroit. Tenez, arrangeons-nous;
    Qu'un même intérêt nous rassemble :
Venez sous mon manteau, nous marcherons ensemble.
    Chez le sage, à cause de vous,
    Je ne serai point rebutée ;
    A cause de moi, chez les fous
    Vous ne serez point maltraitée.
Servant par ce moyen chacun selon son goût,
Grâce à votre raison, et grâce à ma folie,
    Vous verrez, ma sœur, que partout
    Nous passerons de compagnie. »

LE CHATEAU DE CARTES

Un bon mari, sa femme, et deux jolis enfants,
Coulaient en paix leurs jours dans le simple ermitage
Où, paisibles comme eux, vécurent leurs parents.
Ces époux, partageant les doux soins du ménage,
Cultivaient leur jardin, recueillaient leurs moissons ;
Et le soir, dans l'été, soupant sous le feuillage,

Dans l'hiver, devant leurs tisons,
Ils prêchaient à leurs fils la vertu, la sagesse ;
Leur parlaient du bonheur qu'ils procurent toujours.
Le père par un conte égayait ses discours,
      La mère par une caresse.
L'aîné de ces enfants, né grave, studieux,
      Lisait et méditait sans cesse ;
Le cadet, vif, léger, mais plein de gentillesse,
Sautait, riait toujours, ne se plaisait qu'aux jeux.
Un soir, selon l'usage, à côté de leur père,
Assis près d'une table où s'appuyait la mère,
L'aîné lisait Rollin ; le cadet, peu soigneux
D'apprendre les hauts faits des Romains ou des Parthes,
Employait tout son art, toutes ses facultés,
A joindre, à soutenir par les quatre côtés

Un fragile château de cartes.
Il n'en respirait pas d'attention, de peur.
   Tout à coup voici le lecteur
Qui s'interrompt : « Papa, dit-il, daigne m'instruire
Pourquoi certains guerriers sont nommés conquérants
   Et d'autres fondateurs d'empire :
   Ces deux noms sont-ils différents ? »
Le père méditait une réponse sage,
Lorsque son fils cadet, transporté de plaisir,
Après tant de travail, d'avoir pu parvenir
   A placer son second étage,
S'écrie : « Il est fini ! » Son frère, murmurant,
Se fâche, et d'un seul coup détruit son long ouvrage ;
   Et voilà le cadet pleurant.
   « Mon fils, répond alors le père,
   Le fondateur c'est votre frère,
   Et vous êtes le conquérant. »

LE MIROIR DE LA VÉRITÉ

Dans le beau siècle d'or, quand les premiers humains,
   Au milieu d'une paix profonde,
   Coulaient des jours purs et sereins,
   La Vérité courait le monde,
   Avec son miroir dans les mains.
Chacun s'y regardait, et le miroir sincère
Retraçait à chacun son plus secret désir,
   Sans jamais le faire rougir.
Temps heureux, qui ne dura guère !
L'homme devint bientôt méchant et criminel,
   La Vérité s'enfuit au ciel,

En jetant de dépit son miroir sur la terre.
    Le pauvre miroir se cassa.
Ses débris, qu'au hasard la chute dispersa,
    Furent perdus pour le vulgaire.
Plusieurs siècles après on en connut le prix ;
Et c'est depuis ce temps que l'on voit plus d'un sage
    Chercher avec soin ces débris,
Les retrouver parfois ; mais ils sont si petits,
    Que personne n'en fait usage.
    Hélas ! le sage le premier
    Ne s'y voit jamais tout entier.

LE CHARLATAN

Sur le Pont-Neuf, entouré de badauds,
Un charlatan criait à pleine tête :
« Venez, messieurs, accourez faire emplette
    Du grand remède à tous les maux !
    C'est une poudre admirable
    Qui donne de l'esprit aux sots,
De l'honneur aux fripons, l'innocence au coupable,
    Aux vieilles femmes des amants,
Au vieillard amoureux une jeune maitresse,
    Aux fous le prix de la sagesse,
    Et la science aux ignorants.
Avec ma poudre, il n'est rien dans la vie
    Dont bientôt on ne vienne à bout ;
Par elle on obtient tout, on sait tout, on fait tout :
    C'est la grande encyclopédie. »
Vite je m'approchai pour voir ce beau trésor....
    C'était un peu de poudre d'or.

LES SINGES ET LE LÉOPARD

Des singes dans un bois jouaient à la main chaude ;
      Certaine guenon moricaude,
Assise gravement, tenait sur ses genoux
La tête de celui qui, courbant son échine,
      Sur sa main recevait les coups.
      On frappait fort, et puis devine !
Il ne devinait point ; c'était alors des ris,
      Des sauts, des gambades, des cris.
Attiré par le bruit du fond de sa tanière,
Un jeune léopard, prince assez débonnaire,
Se présente au milieu de nos singes joyeux.
Tout tremble à son aspect. « Continuez vos jeux,
Leur dit le léopard, je n'en veux à personne :
      Rassurez-vous, j'ai l'âme bonne ;
Et je viens même ici, comme particulier,
      A vos plaisirs m'associer.
      Jouons, je suis de la partie.
      — Ah ! monseigneur, quelle bonté !
Quoi ! Votre Altesse veut, quittant sa dignité,
Descendre jusqu'à nous ? — Oui, c'est ma fantaisie.
Mon Altesse eut toujours de la philosophie,
      Et sait que les animaux
            Sont égaux.
Jouons donc, mes amis ; jouons, je vous en prie. »
Les singes, enchantés, crurent à ce discours,
      Comme l'on y croira toujours.

Toute la troupe joviale
Se remet à jouer : l'un d'entre eux tend la main ;
Le léopard frappe, et soudain
On voit couler du sang sous la griffe royale.
Le singe cette fois devina qui frappait;
    Mais il s'en alla sans le dire.
  Ses compagnons faisaient semblant de rire.
    Et le léopard seul riait.
Bientôt chacun s'excuse, et s'échappe à la hâte,
    En se disant entre leurs dents :
    « Ne jouons point avec les grands;
Le plus doux a toujours des griffes à la patte. »

LE PERROQUET CONFIANT

Cela ne sera rien, disent certaines gens
    Lorsque la tempête est prochaine :
Pourquoi nous affliger avant que le mal vienne?
Pourquoi? Pour l'éviter, s'il en est encore temps.
    Un capitaine de navire,
    Fort brave homme, mais peu prudent,
    Se mit en mer malgré le vent.
    Le pilote avait beau lui dire
    Qu'il risquait sa vie et son bien.
    Notre homme ne faisait qu'en rire,
Et répétait toujours : *Cela ne sera rien.*
    Un perroquet de l'équipage,
    A force d'entendre ces mots,

Les retint, et les dit pendant tout le voyage.
Le navire égaré voguait au gré des flots,
    Quand un calme plat vous l'arrête,
    Les vivres tiraient à leur fin ;
Point de terre voisine, et bientôt plus de pain.
Chacun des passagers s'attriste et s'inquiète ;
    Notre capitaine se tait.
Cela ne sera rien, criait le perroquet.
Le calme continue, on vit vaille que vaille.
    Il ne reste plus de volaille ;
On mange les oiseaux, triste et dernier moyen !
Perruches, cardinaux, kakatoès, tout y passe ;
    Le perroquet, la tête basse,
Disait plus doucement : *Cela ne sera rien.*
Il pouvait encor fuir, sa cage était trouée ;
Il attendit, il fut étranglé bel et bien,
Et, mourant, il criait d'une voix enrouée :
    Cela..., cela ne sera rien.

LE ROI DE PERSE

    Un roi de Perse, certain jour,
    Chassait avec toute sa cour.
    Il eut soif, et dans cette plaine
    On ne trouvait point de fontaine.
Près de là seulement était un grand jardin
Rempli de beaux cédrats, d'oranges, de raisin :
    « A Dieu ne plaise que j'en mange !
Dit le roi, ce jardin courrait trop de danger :
Si je me permettais d'y cueillir une orange,
Mes vizirs aussitôt mangeraient le verger. »

LE LION ET LE LÉOPARD

Un valeureux lion, roi d'une immense plaine,
Désirait de la terre une plus grande part,
Et voulait conquérir une forêt prochaine,
    Héritage d'un léopard.
L'attaquer n'était pas chose bien difficile ;
Mais le lion craignait les panthères, les ours,
Qui se trouvaient placés juste entre les deux cours,
Voici comment s'y prit notre monarque habile :
Au jeune léopard, sous prétexte d'honneur,
    Il députe un ambassadeur ;
C'était un vieux renard. Admis à l'audience
Du jeune roi, d'abord il vante sa prudence,
Son amour pour la paix, sa bonté, sa douceur,
    Sa justice et sa bienfaisance ;
Puis, au nom du lion, propose une alliance
    Pour exterminer tout voisin
    Qui méconnaîtra leur puissance.
Le léopard accepte, et, dès le lendemain,
    Nos deux héros, sur leurs frontières,
Mangent à qui mieux mieux les ours et les panthères.
Cela fut bientôt fait. Mais quand les rois amis,
    Partageant le pays conquis,
    Fixèrent leurs bornes nouvelles,
    Il s'éleva quelques querelles :
Le léopard lésé se plaignit du lion ;

Celui-ci montra sa denture
Pour prouver qu'il avait raison :
Bref, on en vint aux coups. La fin de l'aventure
    Fut le trépas du léopard :
    Il apprit alors, un peu tard,
Que, contre les lions, les meilleurs barrières
Sont les petits États des ours et des panthères.

LA VIPÈRE ET LA SANGSUE

La vipère disait un jour à la sangsue :
    « Que notre sort est différent !
On vous cherche, on me fuit ; si l'on peut, on me tue,
    Et vous, aussitôt qu'on vous prend,
    Loin de craindre votre blessure,
    L'homme vous donne de son sang
    Une ample et bonne nourriture :
Cependant vous et moi faisons même piqûre. »
    La citoyenne de l'étang
    Répond : « Oh que nenni, ma chère !
La vôtre fait du mal, la mienne est salutaire.
Par moi plus d'un malade obtient sa guérison ;
Par vous tout homme sain trouve une mort cruelle
Entre nous deux, je crois, la différence est belle ;
    Je suis remède, et vous poison. »

    Cette fable aisément s'explique :
    C'est la satire et la critique.

LA GUENON, LE SINGE ET LA NOIX

Une jeune guenon cueillit
Une noix dans sa coque verte ;
Elle y porte la dent, fait la grimace... « Ah ! certes,
  Dit-elle, ma mère mentit
Quand elle m'assura que les noix étaient bonnes.
Puis, croyez aux discours de ces vieilles personnes
Qui trompent la jeunesse ! Au diable soit le fruit ! »
Elle jette la noix. Un singe la ramasse,
  Vite entre deux cailloux la casse,
  L'épluche, la mange, et lui dit :
    « Votre mère eut raison, ma mie,
Les noix ont fort bon goût ; mais il faut les ouvrir.
  Souvenez-vous que, dans la vie,
Sans un peu de travail on n'a point de plaisir. »

2

LES DEUX LIONS

Sur les bords africains, aux lieux inhabités
Où le char du soleil roule en brûlant la terre,
Deux énormes lions, de la soif tourmentés,
Arrivèrent au pied d'un désert solitaire.
Un filet d'eau coulait, faible et dernier effort
    De quelque naïade expirante,
    Les deux lions courent d'abord
    Au bruit de cette eau murmurante.
Ils pouvaient boire ensemble, et la fraternité,
Le besoin, leur donnaient ce conseil salutaire :
    Mais l'orgueil disait le contraire.
    Et l'orgueil fut seul écouté.
Chacun veut boire seul : d'un œil plein de colère
    L'un l'autre ils vont se mesurant,
Hérissent de leur cou l'ondoyante crinière,
De leur terrible queue ils se frappent les flancs,
Et s'attaquent avec de tels rugissements,
Qu'à ce bruit, dans le fond de leur sombre tanière,
Les tigres d'alentour vont se cacher tremblants.
    Égaux en vigueur, en courage,
Ce combat fut plus long qu'aucun de ces combats
Qui d'Achille ou d'Hector signalèrent la rage,
    Car les dieux ne s'en mêlaient pas.
Après une heure ou deux d'efforts et de morsures,
Nos héros fatigués, déchirés, haletants,
    S'arrêtèrent en même temps.
    Couverts de sang et de blessures,

    N'en pouvant plus, morts à demi,
Se traînant sur le sable, à la source ils vont boire ;
Mais, pendant le combat, la source avait tari.
Ils expirent auprès.
              Vous lisez votre histoire,
Malheureux insensés, dont les divisions,
      L'orgueil, les fureurs, la folie,
Consument en douleurs le moment de la vie :
      Hommes, vous êtes ces lions ;
      Vos jours, c'est l'eau qui s'est tarie.

LA MÈRE, L'ENFANT ET LES SARIGUES [1]

A MADAME DE LA BRICHE

Vous de qui les attraits, la modeste douceur,
Savent tout obtenir et n'osent rien prétendre ;
Vous que l'on ne peut voir sans devenir plus tendre
Et qu'on ne peut aimer sans devenir meilleur,
Je vous respecte trop pour parler de vos charmes
      De vos talents, de votre esprit....
Vous aviez déjà peur : bannissez vos alarmes,
      C'est de vos vertus qu'il s'agit.
Je veux peindre en mes vers des mères le modèle,
Le sarigue, animal peu connu parmi nous,
      Mais dont les soins touchants et doux,

[1] Espèce de renard du Pérou (BUFFON, *Hist. nat.*, tome IV).

Dont la tendresse maternelle,
Seront de quelque prix pour vous.
Le fond du conte est véritable ;
Buffon m'en est garant : qui pourrait en douter ?
D'ailleurs tout dans ce genre a droit d'être croyable,
Lorsque c'est devant vous qu'on peut le raconter.
« Maman, disait un jour à la plus tendre mère
Un enfant péruvien sur ses genoux assis,
Quel est cet animal qui, dans cette bruyère,
      Se promène avec ses petits ?
Il ressemble au renard. — Mon fils, répondit-elle,
      Du sarigue c'est la femelle :
      Nulle mère pour ses enfants
N'eut jamais plus d'amour, plus de soins vigilants.
La nature a voulu seconder sa tendresse,
      Et lui fit près de l'estomac
Une poche profonde, une espèce de sac,
   Où ses petits, quand un danger les presse,
      Vont mettre à couvert leur faiblesse.
Fais du bruit, tu verras ce qu'ils vont devenir. »
L'enfant frappe des mains : la sarigue attentive
      Se dresse, et d'une voix plaintive,
Jette un cri. Les petits aussitôt d'accourir,
      Et de s'élancer vers la mère,
En cherchant dans son sein leur retraite ordinaire.
      La poche s'ouvre, les petits
      En un moment y sont blottis,
Et disparaissent tous ; la mère avec vitesse
      S'enfuit, emportant sa richesse.
La Péruvienne alors dit à l'enfant surpris :
      « Si jamais le sort t'est contraire,
Souviens-toi du sarigue ; imite-le, mon fils.
L'asile le plus sûr est le sein d'une mère. »

L'HABIT D'ARLEQUIN

Vous connaissez ce quai nommé de la Ferraille,
Où l'on vend des oiseaux, des hommes, et des fleurs :
A mes fables souvent c'est là que je travaille;
J'y vois des animaux, et j'observe leurs mœurs.
Un jour de mardi gras, j'étais à la fenêtre
  D'un oiseleur de mes amis,
  Quand sur le quai je vis paraître
Un petit arlequin leste, bien fait, bien mis.
Qui, la batte à la main, d'une grâce légère,
Courait après un masque en habit de bergère.
Le peuple applaudissait par des ris, par des cris.
  Tout près de moi, dans une cage,
Trois oiseaux étrangers de différent plumage,
  Perruche, cardinal, serin,
  Regardaient aussi l'arlequin.
La perruche disait : « J'aime peu son visage,
Mais son charmant habit n'eut jamais son égal ;
Il est d'un si beau vert ! — Vert ! dit le cardinal :
  Vous n'y voyez donc pas, ma chère !
  L'habit est rouge assurément;
  Voilà ce qui le rend charmant.
  — Oh ! pour celui-là, mon compère,
Répondit le serin, vous n'avez pas raison;
  Car l'habit est jaune citron ;
Et c'est ce jaune-là qui fait tout son mérite.
« —Il est vert.—Il est jaune.—Il est rouge morbleu !»
 . Interrompt chacun avec feu;

Et déjà le trio s'irrite.
« Amis, apaisez-vous, leur crie un bon pivert,
　　L'habit est jaune, rouge et vert.
Cela vous surprend fort; voici tout le mystère :
Ainsi que bien des gens d'esprit et de savoir,
Mais qui d'un seul côté regardent une affaire,
　　Chacun de vous ne veut y voir
　　Que la couleur qui sait lui plaire.

L'HERMINE, LE CASTOR ET LE SANGLIER

Une hermine, un castor, un jeune sanglier,
Cadets de leur famille, et partant sans fortune,
　　Dans l'espoir d'en acquérir une,
Quittèrent leur forêt, leur étang, leur hallier.
Après un long voyage, après mainte aventure,
　　Ils arrivent dans un pays
　　Où s'offrent à leurs yeux ravis
　　Tous les trésors de la nature,
Des prés, des eaux, des bois, des vergers pleins de
Nos pèlerins, voyant cette terre chérie,   [fruits.
　　Éprouvent les mêmes transports
　　Qu'Énée et ses Troyens en découvrant les bords
　　Du royaume de Lavinie.
Mais ce riche pays était de toutes parts
　　Entouré d'un marais de bourbe,
　　Où des serpents et des lézards
　　Se jouait l'effroyable tourbe.

Il fallait le passer ; et nos trois voyageurs
S'arrêtent sur le bord, étonnés et rêveurs.
L'hermine la première avance un peu la patte ;
    Elle la retire aussitôt,
    En arrière elle fait un saut,
En disant : « Mes amis, fuyons en grande hâte !
Ce lieu, tout beau qu'il est, ne peut nous convenir :
Pour arriver là-bas il faudrait se salir ;
    Et moi je suis si délicate,
    Qu'une tache me fait mourir.
— Ma sœur, dit le castor, un peu de patience !
On peut, sans se tacher, quelquefois réussir :
Il faut alors du temps et de l'intelligence :
Nous avons tout cela. Pour moi, qui suis maçon,
Je vais en quinze jours vous bâtir un beau pont
Sur lequel nous pourrons, sans craindre les morsures
De ces vilains serpents, sans gâter nos fourrures,
Arriver au milieu de ce charmant vallon.
    — Quinze jours ! ce terme est bien long,
Répond le sanglier : moi, j'y serai plus vite :
Vous allez voir comment. » En prononçant ces mots,
    Le voilà qui se précipite
Au plus fort du bourbier, s'y plonge jusqu'au dos,
A travers les serpents, les lézards, les crapauds ;
Marche, pousse à son but, arrive plein de boue ;
    Et là, tandis qu'il se secoue,
Jetant à ses amis un regard de dédain,
« Apprenez, leur dit-il, comme on fait son chemin. »

L'AVARE ET SON FILS

Par je ne sais quelle aventure
Un avare, un beau jour voulant se bien traiter,
    Au marché courut acheter
    Des pommes pour sa nourriture.
    Dans son armoire il les porta,
    Les compta, rangea, recompta,
Ferma les doubles tours de sa double serrure,
    Et chaque jour les visita.
    Le malheureux, dans sa folie,
    Les bonnes pommes ménageait;
Mais lorsqu'il en trouvait quelqu'une de pourrie,
    En soupirant il la mangeait.
Son fils, jeune écolier, faisant fort maigre chère,
Découvrit à la fin les pommes de son père.
Il attrape les clefs, et va dans ce réduit,
Suivi de deux amis d'excellent appétit.
Or vous pouvez juger le dégât qu'ils y firent,
    Et combien de pommes périrent !
    L'avare arrive en ce moment,
    De douleur, d'effroi palpitant :
« Mes pommes ! criait-il : coquins, il faut les rendre,
    Ou je vais tous vous faire pendre.
— Mon père, dit le fils, calmez-vous, s'il vous plaît;
    Nous sommes d'honnêtes personnes.
    Et quel tort vous avons-nous fait?
    Nous n'avons mangé que les bonnes. »

LE ROSSIGNOL ET LE PAON

L'aimable et tendre Philomèle.
Voyant commencer les beaux jours,
Racontait à l'écho fidèle
Et ses malheurs et ses amours.

Le plus beau paon du voisinage,
Maître et sultan de ce canton,
Élevant la tête et le ton,
Vint interrompre son ramage.

« C'est bien à toi, chantre ennuyeux,
Avec un si triste plumage,

Et ce long bec, et ces gros yeux,
De vouloir charmer ce bocage !

A la beauté seule il va bien
D'oser célébrer la tendresse :
De quel droit chantes-tu sans cesse ?
Moi qui suis beau, je ne dis rien.

— Pardon, répondit Philomèle :
Il est vrai, je ne suis pas belle ;
Et si je chante dans ce bois,
Je n'ai de titre que ma voix.

Mais vous, dont la noble arrogance
M'ordonne de parler plus bas,
Vous vous taisez par impuissance,
Et n'avez que vos seuls appas.

Ils doivent éblouir sans doute :
Est-ce assez pour se faire aimer ?
Allez, puisqu'Amour n'y voit goutte,
C'est l'oreille qu'il faut charmer. »

LE RENARD DÉGUISÉ

Un renard plein d'esprit, d'adresse, de prudence,
A la cour d'un lion servait depuis longtemps ;
     Les succès les plus éclatants
Avaient prouvé son zèle et son intelligence.

Pour peu qu'on l'employât, toute affaire allait bien.
On le louait beaucoup, mais sans lui donner rien ;
Et l'habile renard était dans l'indigence.
　　Lassé de servir des ingrats,
De réussir toujours sans en être plus gras,
Il s'enfuit de la cour ; dans un bois solitaire
　　Il s'en va trouver son grand-père,
Vieux renard retiré, qui jadis fut vizir.
Là, contant ses exploits, et puis les injustices,
　　Les dégoûts qu'il eut à souffrir,
Il demande pourquoi de si nombreux services
　　N'ont jamais pu rien obtenir.
Le bon homme renard, avec sa voix cassée,
Lui dit : « Mon cher enfant, la semaine passée,
Un blaireau mon cousin est mort dans ce terrier :
　　C'est moi qui suis son héritier.
J'ai conservé sa peau ; mets-la dessus la tienne,
Et retourne à la cour. » Le renard avec peine
Se soumit au conseil : affublé de la peau
　　De feu son cousin le blaireau,
Il va se regarder dans l'eau d'une fontaine.
Se trouve l'air d'un sot, tel qu'était le cousin.
Tout honteux, de la cour il reprend le chemin.
Mais, quelques mois après, dans un riche équipage,
Entouré de valets, d'esclaves, de flatteurs,
　　Comblé de dons et de faveurs,
Il vient de sa fortune au vieillard faire hommage :
Il était grand vizir. « Je te l'avais bien dit,
　　S'écrie alors le vieux grand-père ;
Mon ami, chez les grands quiconque voudra plaire
　　Doit d'abord cacher son esprit.

LE CHAT ET LA LUNETTE

Un chat sauvage et grand chasseur
S'établit, pour faire bombance,
Dans le parc d'un jeune seigneur,
Où lapins et perdrix étaient en abondance.
Là, ce nouveau Nemrod, la nuit comme le jour,
A la course, à l'affût également habile,
Poursuivait, attendait, immolait tour à tour
Et quadrupède et volatile.
Les gardes épiaient l'insolent braconnier :
Mais, dans le fort du bois caché près d'un terrier,
Le drôle trompait leur adresse.
Cependant il craignait d'être pris à la fin,
Et se plaignait que la vieillesse
Lui rendît l'œil moins sûr, moins fin.
Ce penser lui causait souvent de la tristesse ;
Lorsqu'un jour il rencontre un petit tuyau noir,
Garni par ses deux bouts de deux glaces bien nettes :
C'était une de ces lunettes
Faites pour l'Opéra, que, par hasard, un soir,
Le maître avait perdue en ce lieu solitaire.
Le chat d'abord la considère,
La touche de sa griffe, et de l'extrémité
La fait à petits coups rouler sur le côté,
Court après, s'en saisit, l'agite, la remue,
Étonné que rien n'en sortît.
Il s'avise, à la fin, d'appliquer à sa vue
Le verre d'un des bouts ; c'était le plus petit.

Alors il aperçoit sous la verte coudrette
Un lapin, que ses yeux tout seuls ne voyaient pas.
« Ah ! quel trésor ! » dit-il en serrant sa lunette,
Et courant au lapin, qu'il croit à quatre pas.
Mais il entend du bruit ; il reprend sa machine,
S'en sert par l'autre bout, et voit dans le lointain
  Le garde qui vers lui chemine.
  Pressé par la peur, par la faim,
  Il reste un moment incertain,
Hésite, réfléchit, puis de nouveau regarde :
Mais toujours le gros bout lui montre loin le garde,
Et le petit tout près lui fait voir le lapin.
Croyant avoir le temps, il va manger la bête ;
Le garde est à vingt pas, qui vous l'ajuste au front.
  Lui met deux balles dans la tête
  Et de sa peau fait un manchon.
  Chacun de nous a sa lunette,
  Qu'il retourne suivant l'objet :
  On voit là-bas ce qui déplaît,
  On voit ici ce qu'on souhaite.

LES SERINS ET LE CHARDONNERET

Un amateur d'oiseaux avait, en grand secret,
  Parmi les œufs d'une serine
  Glissé l'œuf d'un chardonneret.
La mère des serins, bien plus tendre que fine,
Ne s'en aperçut point, et couva comme le sien
  Cet œuf, qui dans peu vint à bien.
Le petit étranger, sorti de sa coquille,

Des deux époux trompés reçoit les tendres soins,
    Par eux traité ni plus ni moins
    Que s'il était de la famille.
Couché dans le duvet, il dort le long du jour
A côté des serins dont il se croit le frère,
    Reçoit la becquée à son tour,
Et repose la nuit sous l'aile de la mère.
Chaque oisillon grandit, et, devenant oiseau,
    D'un brillant plumage s'habille;
Le chardonneret seul ne devient point jonquille,
Et ne s'en croit pas moins des serins le plus beau
    Ses frères pensent tout de même :
Douce erreur qui toujours fait voir l'objet qu'on aime
    Ressemblant à nous trait pour trait!
Jaloux de son bonheur, un vieux chardonneret
Vient lui dire : « Il est temps enfin de nous connaître :
Ceux pour qui vous avez de si doux sentiments
    Ne sont point du tout vos parents.
C'est d'un chardonneret que le sort vous fit naître ;
Vous ne fûtes jamais serin : regardez-vous,
Vous avez le corps fauve et la tête écarlate,
Le bec... — Oui, dit l'oiseau, j'ai ce qu'il vous plaira :
    Mais je n'ai pas une âme ingrate,
    Et mon cœur toujours chérira
    Ceux qui soignèrent mon enfance.
Si mon plumage au leur ne ressemble pas bien,
  J'en suis fâché; mais leur cœur et le mien
    Ont une grande ressemblance.
Vous prétendez prouver que je ne leur suis rien,
    Leurs soins me prouvent le contraire :
    Rien n'est vrai comme ce qu'on sent.
    Pour un oiseau reconnaissant
    Un bienfaiteur est plus qu'un père, »

LE RENARD QUI PRÊCHE

Un vieux renard cassé, goutteux, apoplectique,
   Mais instruit, éloquent, disert,
   Et sachant très-bien la logique,
   Se mit à prêcher au désert.
Son style était fleuri, sa morale excellente.
Il prouvait en trois points que la simplicité,
   Les bonnes mœurs, la probité,
Donnent à peu de frais cette félicité
   Qu'un monde imposteur nous présente,
Et nous fait payer cher sans la donner jamais.
Notre prédicateur n'avait aucun succès;
Personne ne venait, hors cinq ou six marmottes,
   Ou bien quelques biches dévotes
Qui vivaient loin du bruit, sans entour, sans faveur,
Et ne pouvaient pas mettre en crédit l'orateur.
Il prit le bon parti de changer de matière,
Prêcha contre les ours, les tigres, les lions,
   Contre leurs appétits gloutons,
   Leur soif, leur rage sanguinaire.
Tout le monde accourut alors à ses sermons,
Cerfs, gazelles, chevreuils y trouvaient mille charmes,
L'auditoire sortait toujours baigné de larmes,
Et le nom du renard devint bientôt fameux.
   Un lion, roi de la contrée,
Bon homme au demeurant, et vieillard fort pieux,
   De l'entendre fut curieux.

Le renard fut charmé de faire son entrée
A la cour : il arrive, il prêche, et cette fois,
Se surpassant lui-même, il tonne, il épouvante
    Les féroces tyrans des bois ;
Peint la faible innocence à leur aspect tremblante,
Implorant chaque jour la justice trop lente
    Du maître et du juge des rois.
Les courtisans, surpris de tant de hardiesse,
    Se regardaient sans dire rien ;
    Car le roi trouvait cela bien.
La nouveauté parfois fait aimer la rudesse.
Au sortir du sermon, le monarque enchanté
Fit venir le renard : « Vous avez su me plaire,
Lui dit-il ; vous m'avez montré la vérité :
    Je vous dois un juste salaire.
Que me demandez-vous pour prix de vos leçons ? »
Le renard répondit : « Sire, quelques dindons. »

L'ÉCUREUIL, LE CHIEN ET LE RENARD

Un gentil écureuil était le camarade,
    Le tendre ami d'un beau danois.
Un jour qu'ils voyageaient comme Oreste et Pylade,
    La nuit les surprit dans un bois.
En ce lieu point d'auberge ; ils eurent de la peine
    A trouver où se bien coucher.
Enfin le chien se mit dans le creux d'un vieux chêne,
Et l'écureuil plus haut grimpa pour se nicher.

Vers minuit (c'est l'heure des crimes),
  Longtemps après que nos amis,
En se disant bonsoir, se furent endormis,
Voici qu'un vieux renard affamé de victimes,
Arrive au pied de l'arbre, et, levant le museau,
  Voit l'écureuil sur un rameau.
Il le mange des yeux, humecte de sa langue
Ses lèvres, qui de sang brûlent de s'abreuver.
Mais jusqu'à l'écureuil il ne peut arriver :
  Il faut donc, par une harangue,
L'engager à descendre ; et voici son discours :
  « Ami, pardonnez, je vous prie,
Si de votre sommeil, j'ose troubler le cours ;
Mais le pieux transport dont mon âme est remplie

3

Ne peut se contenir : je suis votre cousin
      Germain ;
Votre mère était sœur de feu mon digne père.
Cet honnête homme, hélas ! à son heure dernière,
M'a tant recommandé de chercher son neveu,
    Pour lui donner moitié du peu
Qu'il m'a laissé de bien ! Venez donc, mon cher frère,
    Venez, par un embrassement,
Combler le double plaisir que mon âme ressent.
Si je pouvais monter jusqu'aux lieux où vous êtes,
Oh ! j'y serais déjà, soyez-en bien certain. »
     Les écureuils ne sont pas des bêtes,
     Et le mien était fort malin,
     Il reconnaît le patelin,
Et répond d'un ton doux : « Je meurs d'impatience
     De vous embrasser, mon cousin ;
Je descends : mais, pour mieux lier connaissance,
Je veux vous présenter mon plus fidèle ami,
Un parent qui prit soin de nourrir mon enfance ;
Il dort dans ce trou-là : frappez un peu ; je pense
Que vous serez charmé de le connaître aussi. »
     Aussitôt maître renard frappe,
Croyant en manger deux : mais le fidèle chien
     S'élance de l'arbre, le happe,
     Et vous l'étrangle bel et bien.

Ceci prouve deux points : d'abord, qu'il est utile
Dans la douce amitié de placer son bonheur ;
Puis qu'avec de l'esprit il est souvent facile
Au piége qu'il nous tend de surprendre un trompeur.

LE RHINOCÉROS ET LE DROMADAIRE

Un rhinocéros jeune et fort
Disait un jour au dromadaire :
« Expliquez-moi, s'il vous plaît, mon cher frère,
D'où peut venir pour nous l'injustice du sort.
L'homme, cet animal puissant par son adresse,
Vous recherche avec soin, vous loge, vous chérit,
    De son pain même vous nourrit,
    Et croit augmenter sa richesse
    En multipliant votre espèce.
    Je sais bien que sur votre dos
Vous portez ses enfants, sa femme, ses fardeaux ;
Que vous êtes léger, doux, sobre, infatigable ;
J'en conviens franchement : mais le rhinocéros
    Des mêmes vertus est capable ;
Je crois même, soit dit sans vous mettre en courroux,
    Que tout l'avantage est pour nous :
    Notre corne et notre cuirasse
    Dans les combats pourraient servir.
    Et cependant l'homme nous chasse,
Nous méprise, nous hait, et nous force à le fuir.
    — Ami, répond le dromadaire,
    De notre sort ne soyez point jaloux ;
C'est peu de servir l'homme, il faut encore lui plaire.
Vous êtes étonné qu'il nous préfère à vous :
Mais de cette faveur voici tout le mystère :
    Nous savons plier les genoux. »

LE DANSEUR DE CORDE ET LE BALANCIER

Sur la corde tendue un jeune voltigeur
Apprenait à danser : et déjà son adresse,
    Ses tours de force, de souplesse,
    Faisaient venir maint spectateur.
Sur son étroit chemin on le voit qui s'avance,
Le balancier en main, l'air libre, le corps droit.
    Hardi, léger autant qu'adroit ;
Il s'élève, descend, va, vient, plus haut s'élance.
    Retombe, remonte en cadence,
    Et, semblable à certains oiseaux
Qui rasent en volant la surface des eaux,
    Son pied touche, sans qu'on le voie,
A la corde qui plie et dans l'air le renvoie.
Notre jeune danseur, tout fier de son talent,
Dit un jour : « A quoi bon ce balancier pesant
    Qui me fatigue et m'embarrasse ?
Si je dansais sans lui, j'aurais bien plus de grâce
    De force et de légèreté. »
Aussitôt fait que dit. Le balancier jeté,
Notre étourdi chancelle, étend les bras, et tombe.
Il se cassa le nez, et tout le monde en rit.

Jeunes gens, jeunes gens, ne vous a-t-on pas dit
Que sans règle et sans frein tôt ou tard on succombe?
La vertu, la raison, les lois, l'autorité,
Dans vos désirs fougueux vous causent quelque peine :
    C'est le balancier qui vous gêne,
    Mais qui fait votre sûreté.

LE GRILLON

Un pauvre petit grillon
Caché dans l'herbe fleurie
Regardait un papillon
Voltigeant dans la prairie.
L'insecte ailé brillait des plus vives couleurs ;
L'azur, le pourpre et l'or éclataient sur ses ailes,
Jeune, beau, petit-maître, il court de fleurs en fleurs,
Prenant et quittant les plus belles,
« Ah ! disait le grillon, que son sort et le mien
Sont différents ! Dame nature
Pour lui fit tout, et pour moi rien.
Je n'ai point de talent, encore moins de figure ;
Nul ne prend garde à moi, l'on m'ignore ici-bas :
Autant vaudrait n'exister pas. »
Comme il parlait, dans la prairie
Arrive une troupe d'enfants :
Aussitôt les voilà courants
Après ce papillon, dont ils ont tous envie.
Chapeaux, mouchoirs, bonnets, servent à l'attraper ;
L'insecte vainement cherche à leur échapper,
Il devient bientôt leur conquête.
L'un le saisit par l'aile, un autre par le corps ;
Un troisième survient, et le prend par la tête :
Il ne fallait pas tant d'efforts
Pour déchirer la pauvre bête.
« Oh ! oh ! dit le grillon, je ne suis plus fâché,
Il en coûte trop cher pour briller dans le monde.
Combien je vais aimer ma retraite profonde !
Pour vivre heureux, vivons caché. »

L'ENFANT ET LE MIROIR

Un enfant élevé dans un pauvre village
Revint chez ses parents, et fut surpris d'y voir
        Un miroir.
    D'abord il aima son image ;
Et puis, par un travers bien digne d'un enfant,
    Et même d'un être plus grand,
    Il veut outrager ce qu'il aime,
Lui fait une grimace, et le miroir la rend.
    Alors son dépit est extrême ;
    Il lui montre un poing menaçant.
    Il se voit menacé de même.
Notre marmot fâché s'en vient, en frémissant,
    Battre cette image insolente ;
Il se fait mal aux mains ; sa colère en augmente,
    Et, furieux, au désespoir,
    Le voilà, devant ce miroir,
    Criant, pleurant, frappant la glace.
Sa mère, qui survient, le console, l'embrasse,
    Tarit ses pleurs, et doucement lui dit :
« N'as-tu pas commencé par faire la grimace
A ce méchant enfant qui cause ton dépit ?
— Oui. — Regarde à présent : tu souris, il sourit,
Tu tends vers lui les bras, il te les tend de même ;
Tu n'es plus en colère, il ne se fâche plus.
De la société tu vois ici l'emblême. »
    Le bien, le mal, nous sont rendus.

LE VACHER ET LE GARDE-CHASSE

Colin gardait un jour les vaches de son père ;
    Colin n'avait pas de bergère,
Et s'ennuyait tout seul. Le garde sort du bois :
« Depuis l'aube, dit-il, je cours dans cette plaine
Après un vieux chevreuil que j'ai manqué deux fois,
    Et qui m'a mis tout hors d'haleine.
    — Il vient de passer par là-bas,
Lui répondit Colin : mais, si vous êtes las,
Reposez-vous, gardez mes vaches à ma place,
    Et j'irai faire votre chasse :
Je réponds du chevreuil. — Ma foi, je le veux bien :
Tiens, voilà mon fusil, prends avec toi mon chien ;
    Va le tuer. » Colin s'apprête,
S'arme, appelle Sultan. Sultan, quoiqu'à regret,
    Court avec lui vers la forêt.
Le chien bat les buissons : il va, vient, sent, arrête,
Et voilà le chevreuil.... Colin, impatient,
    Tire aussitôt, manque la bête,
    Et blesse le pauvre Sultan.
    A la suite du chien qui crie,
    Colin revient à la prairie.
    Il trouve le garde ronflant ;
    De vaches point, elles étaient volées.
Le malheureux Colin, s'arrachant les cheveux,
Parcourt en gémissant les monts et les vallées :
Il ne voit rien. Le soir, sans vaches, tout honteux,
    Colin retourne chez son père,

Et lui conte en tremblant l'affaire.
Celui-ci, saisissant un bâton de cormier,
Corrige son cher fils de ses folles idées,
    Puis lui dit : « Chacun son métier,
    Les vaches seront bien gardées. »

LE BOUVREUIL ET LE CORBEAU

Un bouvreuil, un corbeau, chacun dans une cage,
    Habitaient le même logis.
    L'un enchantait par son ramage
La femme, le mari, les gens, tout le ménage :
L'autre les fatiguait sans cesse de ses cris ;
Il demandait du pain, du rôti, du fromage,
    Qu'on se pressait de lui porter,
    Afin qu'il voulût bien se taire.
Le timide bouvreuil ne faisait que chanter,
Et ne demandait rien : aussi, pour l'ordinaire
    On l'oubliait; le pauvre oiseau
    Manquait souvent de grain et d'eau.
Ceux qui louaient le plus de son chant l'harmonie,
    N'auraient pas fait le moindre pas
    Pour voir si l'auge était remplie.
Ils l'aimaient bien pourtant, mais ils n'y pensaient pas.
Un jour on le trouva mort de faim dans sa cage.
« Ah ! quel malheur ! dit-on : las ! il chantait si bien !
De quoi donc est-il mort? Certes, c'est grand dommage.
Le corbeau crie encore, et ne manque de rien. »

LE LINOT

Une linotte avait un fils,
    Qu'elle adorait, selon l'usage :
C'était l'unique fruit du plus doux mariage,
Et le plus beau linot qui fût dans le pays,
Sa mère en était folle, et tous les témoignages
Que peuvent inventer la tendresse et l'amour
Étaient pour cet enfant épuisés chaque jour.
Notre jeune linot, fier de ces avantages,
Se croyait un phénix, prenait l'air suffisant,
    Tranchait du petit important
    Avec les oiseaux de son âge ;
Persiflait la mésange ou bien le roitelet,
    Donnait à chacun son paquet,

Et se faisait haïr de tout le voisinage.
Sa mère lui disait : « Mon cher fils, sois plus sage,
Plus modeste surtout. Hélas ! je conçois bien
Les dons, les qualités qui furent ton partage,
  Mais feignons de n'en savoir rien.
  Pour qu'on les aime davantage. »
  A tout cela notre linot
  Répondait par quelque bon mot.
La mère en gémissait dans le fond de son âme.
  Un vieux merle, ami de la dame,
Lui dit : « Laissez aller votre fils au grand bois ;
  Je vous réponds qu'avant un mois
Il sera sans défauts. » Vous jugez des alarmes
De la mère, qui pleure et frémit du danger.
Mais le jeune linot brûlait de voyager :
  Il partit donc, malgré ses larmes.
  A peine est-il dans la forêt,
  Que notre petit personnage
  Du pivert entend le ramage,
  Et se moque de son fausset.
Le pivert, qui prit mal cette plaisanterie,
Vint à bons coups de bec plumer le persifleur ;
  Et, deux jours après, une pie
Le dégoûte à jamais du métier de railleur.
Il lui restait encor la vanité secrète
  De se croire excellent chanteur ;
  Le rossignol et la fauvette
  Le guérirent de son erreur.
  Bref, il retourna chez sa mère
  Doux, poli, modeste et charmant.

Ainsi l'adversité fit, dans un seul moment,
Ce que tant de leçons n'avaient jamais pu faire.

LE ROI ET LES DEUX BERGERS

Certain monarque un jour déplorait sa misère,
    Et se lamentait d'être roi :
« Quel pénible métier! disait-il ; sur la terre
Est-il un seul mortel contredit comme moi ?
Je voudrais vivre en paix, on me force à la guerre ;
Je chéris mes sujets, et je mets des impôts ;
J'aime la vérité, l'on me trompe sans cesse ;
    Mon peuple est accablé de maux,
    Je suis consumé de tristesse :
    Partout je cherche des avis,
Je prends tous les moyens, inutile est ma peine,
    Plus j'en fais, moins je réussis. »
Notre monarque alors aperçoit dans la plaine
Un troupeau de moutons maigres, de près tondus,
Les brebis sans agneaux, des agneaux sans leurs mères,
    Dispersés, bêlants, éperdus,
Et des béliers sans force errant dans les bruyères.
Leur conducteur Guillot allait, venait, courait,
Tantôt à ce mouton qui gagne la forêt,
Tantôt à cet agneau qui demeure derrière,
    Puis à sa brebis la plus chère ;
    Et tandis qu'il est d'un côté
Un loup prend un mouton qu'il emporte bien vite.
    Le berger court ; l'agneau qu'il quitte
    Par une louve est emporté.
    Guillot tout haletant s'arrête,
S'arrache les cheveux, ne sait plus où courir,

Et, de son poing frappant sa tête,
Il demande au ciel de mourir.
« Voilà bien ma fidèle image !
S'écria le monarque; et les pauvres bergers,
Comme nous autres rois, entourés de dangers,
  N'ont pas un plus doux esclavage :
Cela console un peu. » Comme il disait ces mots,
Il découvre en un pré le plus beau des troupeaux,
Des moutons gras, nombreux, pouvant marcher à peine,
  Tant leur riche toison les gêne;
Des béliers grands et fiers, tous en ordre paissants;
Des brebis fléchissant sous le poids de la laine,
  Et de qui la mamelle pleine
Fait accourir de loin les agneaux bondissants.
Leur berger, mollement étendu sous un hêtre,
  Faisant des vers pour son Iris,
Les chantait doucement aux échos attendris,
Et puis répétait l'air sur son hautbois champêtre.
Le roi, tout étonné, disait : « Ce beau troupeau
Sera bientôt détruit; les loups ne craignent guère
Les pasteurs amoureux qui chantent leur bergère ;
On les écarte mal avec un chalumeau.
Ah ! comme je rirais !... » Dans l'instant le loup passe,
  Comme pour lui faire plaisir;
Mais à peine il paraît, que, prompt à le saisir.
  Un chien s'élance, et le terrasse.
  Au bruit qu'ils font en combattant,
Deux moutons effrayés s'écartent dans la plaine :
  Un autre chien part, les ramène,
Et pour rétablir l'ordre il suffit d'un instant.
Le berger voyait tout, couché dessus l'herbette,
  Et ne quittait pas sa musette.
  Alors le roi, presque en courroux,

Lui dit: «Comment fais-tu? Les bois sont pleins de loups,
Tes moutons, gras et beaux, sont au nombre de mille,
　　Et, sans en être moins tranquille,
Dans cet heureux état toi seul tu les maintiens !

— Sire, dit le berger, la chose est fort facile :
Tout mon secret consiste à choisir de bons chiens. »

LES ENFANTS ET LES PERDREAUX

Deux enfants d'un fermier, gentils, espiègles, beaux,
　　Mais un peu gâtés par leur père,
　　Cherchant des nids dans leur enclos,
　　Trouvèrent de petits perdreaux
　　Qui voletaient près de leur mère.
Vous jugez de leur joie, et comment mes bambins
　　A la troupe qui s'éparpille
　　Vont partout couper les chemins,
　　Et n'ont pas assez de leurs mains
　　Pour prendre la pauvre famille !
La perdrix, traînant l'aile, appelant ses petits,
　　Tourne en vain, voltige, s'approche :
　　Déjà mes jeunes étourdis
　　Ont toute sa couvée en poche.
Ils veulent partager, comme de bons amis,
Chacun en garde six, il en reste un treizième :
　　L'aîné le veut, l'autre le veut aussi.
« Tirons au doigt mouillé.—Parbleu non.—Parbleu si.
— Cède, ou bien tu verras. — Mais tu verras toi-même.»

De propos en propos, l'aîné, peu patient,
    Jette à la tête de son frère
Le perdreau disputé. Le cadet, en colère,
    D'un des siens riposte à l'instant.
    L'aîné recommence d'autant ;
Et ce jeu, qui leur plaît, couvre autour d'eux la terre
    De pauvres perdreaux palpitants.
Le fermier, qui passait en revenant des champs,
    Voit ce spectacle sanguinaire,
    Accourt, et dit à ses enfants :
« Comment donc ! petits rois, vos discordes cruelles
Font que tant d'innocents expirent par vos coups !
De quel droit, s'il vous plaît, dans vos tristes querelles,
    Faut-il que l'on meure pour vous ? »

LE CHEVAL ET LE POULAIN

Un bon père cheval, veuf, et n'ayant qu'un fils,
    L'élevait dans un pâturage
    Où les eaux, les fleurs et l'ombrage
Présentaient à la fois tous les biens réunis.
Abusant pour jouir, comme on fait à cet âge,
Le poulain tous les jours se gorgeait de sainfoin,
    Se vautrait dans l'herbe fleurie,
Galopait sans objet ; se baignait sans envie,
    Ou se reposait sans besoin.
Oisif et gras à lard, le jeune solitaire

S'ennuya, se lassa de ne manquer de rien.
Le dégoût vint bientôt : il va trouver son père :
« Depuis longtemps, dit-il, je ne me sens pas bien ;
    Cette herbe est malsaine et me tue,
Ce trèfle est sans saveur, cette onde est corrompue ;
L'air qu'on respire ici m'attaque les poumons :
    Bref, je meurs si nous ne partons.
— Mon fils, répond le père, il s'agit de ta vie?
    A l'instant même il faut partir. »
Sitôt dit, sitôt fait ; ils quittent leur patrie.
Le jeune voyageur bondissait de plaisir ;
Le vieillard, moins joyeux, allait un train plus sage ;
Mais il guidait l'enfant, et le faisait gravir
Sur des monts escarpés, arides, sans herbage
    Où rien ne pouvait le nourrir.
Le soir vint, point de pâturage ;
    On s'en passa. Le lendemain,
Comme l'on commençait à souffrir de la faim,
On prit du bout des dents une ronce sauvage.
On ne galopa plus le reste du voyage ;
A peine, après deux jours, allait-on même au pas.
    Jugeant la leçon faite,
Le père va reprendre une route secrète
    Que son fils ne connaissait pas,
    Et le ramène à la prairie
Au milieu de la nuit. Dès que notre poulain
    Retrouve un peu d'herbe fleurie,
Il se jette dessus : « Ah ! l'excellent festin,
La bonne herbe! dit-il : comme elle est douce et tendre !
    Mon père, il ne faut pas s'attendre
    Que nous puissions rencontrer mieux.
Fixons-nous pour jamais dans ces aimables lieux :
Quel pays peut valoir cet asile champêtre ? »

Comme il parlait ainsi, le jour vint à paraître :
Le poulain reconnaît le pré qu'il a quitté ;
Il demeure confus. Le père, avec bonté,
Lui dit : « Mon cher enfant, retiens cette maxime :
Quiconque jouit trop est bientôt dégoûté ;
    Il faut au bonheur du régime. »

LES DEUX VOYAGEURS

Le compère Thomas et son ami Lubin
Allaient à pied tous deux à la ville prochaine.
    Thomas trouve sur son chemin
    Une bourse de louis pleine ;
Il l'empoche aussitôt. Lubin, d'un air content,
    Lui dit : « Pour nous deux la bonne aubaine !
    —Non, répond Thomas froidement,
Pour nous n'est pas bien dit ; *pour moi*, c'est différent. »
Lubin ne souffle plus : mais, en quittant la plaine,
Ils trouvent des voleurs cachés au bois voisin.
    Thomas tremblant, et non sans cause,
Dit : « Nous sommes perdus ! — Non, lui répond Lubin,
Nous n'est pas le vrai mot ; mais *toi*, c'est autre chose. »
Cela dit, il s'échappe à travers les taillis.
Immobile de peur, Thomas est bientôt pris :
    Il tire la bourse, et la donne.
Qui ne songe qu'à soi quand sa fortune est bonne
    Dans le malheur n'a point d'amis.

LE CHIEN ET LE CHAT

Un chien vendu par son maître
Brisa sa chaîne, et revint
Au logis qui le vit naître.
Jugez de ce qu'il devint
Lorsque, pour prix de son zèle,
Il fut de cette maison
Reconduit par le bâton
Vers sa demeure nouvelle !
Un vieux chat, son compagnon,
Voyant sa surprise extrême,
En passant lui dit ce mot :
« Tu croyais donc, pauvre sot,
Que c'est pour nous qu'on nous aime ?

4

LE SANGLIER ET LES ROSSIGNOLS

Un homme riche, sot et vain,
Qualités qui parfois marchent de compagnie,
Croyait pour tous les arts avoir un goût divin,
Et pensait que son or lui donnait du génie.
Chaque jour à sa table on voyait réunis
Peintres, sculpteurs, savants, artistes, beaux esprits,
    Qui lui prodiguaient les hommages,
Lui montraient des dessins, lui lisaient des ouvrages,
Écoutaient les conseils qu'il daignait leur donner,
Et l'appelaient Mécène en mangeant son dîner.
Se promenant un soir dans son parc solitaire,
Suivi d'un jardinier, homme instruit et de sens,
Il vit un sanglier qui labourait la terre,
Comme ils font quelquefois pour aiguiser leurs dents
Autour du sanglier, les merles, les fauvettes,
Surtout les rossignols, voltigeant, s'arrêtant,
Répétaient à l'envi leurs douces chansonnettes,
    Et le suivaient toujours chantant.
L'animal écoutait l'harmonieux ramage
Avec la gravité d'un docte connaisseur,
Baissait parfois la hure en signe de faveur,
Ou bien, la secouant, refusait son suffrage.
« Qu'est ceci? dit le financier :
    Comment les chantres du bocage
Pour leur juge ont choisi cet animal sauvage?
    — Nenni, répond le jardinier :
De la terre, par lui fraîchement labourée,

Sont sortis plusieurs vers, excellente curée
    Qui seule attire ces oiseaux ;
    Ils ne se tiennent à sa suite
    Que pour manger ces vermisseaux,
Et l'imbécile croit que c'est pour son mérite. »

LA COQUETTE ET L'ABEILLE

Chloé, jeune et jolie, et surtout fort coquette,
    Tous les matins, en se levant,
Se mettait au travail, j'entends à sa toilette ;
    Et là, souriant, minaudant,
    Elle disait à son cher confident
Les peines, les plaisirs, les projets de son âme.
Une abeille étourdie arrive en bourdonnant.
« Au secours ! au secours ! crie aussitôt la dame :
Venez, Lise, Marton, accourez promptement.
Chassez ce monstre ailé. » Le monstre insolemment
    Aux lèvres de Chloé se pose,
Chloé s'évanouit, et Marton en fureur
    Saisit l'abeille, et se dispose
A l'écraser. « Hélas ! lui dit avec douceur
L'insecte malheureux, pardonnez mon erreur :
La bouche de Chloé me semblait une rose,
Et j'ai cru.... » Ce seul mot à Chloé rend ses sens.
« Faisons grâce, dit-elle, à son aveu sincère.
    D'ailleurs sa piqûre est légère ;
Depuis qu'elle te parle, à peine je la sens. »
Que ne fait-on passer avec un peu d'encens !

LA FAUVETTE ET LE ROSSIGNOL

Une fauvette, dont la voix
Enchantait les échos par sa douceur extrême,
Espéra surpasser le rossignol lui-même,
Et lui fit un défi. L'on choisit dans le bois
Un lieu propre au combat : les juges se placèrent ;
    C'étaient le linot, le serin,
    Le rouge-gorge et le tarin.
Tout les autres oiseaux derrière eux se perchèrent.
Deux vieux chardonnerets et deux jeunes pinsons
Furent gardes du camp ; le merle était trompette,
Il donna le signal. Aussitôt la fauvette
    Fait entendre les plus doux sons ;
    Avec adresse elle varie
De ses accents filés la touchante harmonie,
Et ravit tous les cœurs par ses tendres chansons ;
L'assemblée applaudit. Bientôt on fait silence ;
    Alors le rossignol commence :
    Trois accords purs, égaux, brillants,
Que termine une juste et parfaite cadence,
    Sont le prélude de ses chants,
    Ensuite son gosier flexible,
Parcourant sans effort tous les tons de sa voix.
Tantôt vif et pressé, tantôt lent et sensible,
    Étonne et ravit à la fois.
Les juges cependant demeuraient en balance ;
Le linot, le serin, de la fauvette amis,
    Ne voulaient point donner de prix :

Les autres disputaient. L'assemblée en silence
    Écoutait leurs doctes avis,
Lorsqu'un geai s'écria : « Victoire à la fauvette ! »
    Ce mot décida sa défaite :
    Pour le rossignol aussitôt
L'aréopage ailé tout d'une voix s'explique.
    Ainsi le suffrage d'un sot
    Fait plus de mal que sa critique.

LES DEUX JARDINIERS

Deux frères jardiniers avaient par héritage
Un jardin, dont chacun cultivait la moitié ;
    Liés d'une étroite amitié,
    Ensemble ils faisaient leur ménage.
L'un d'eux, appelé Jean, bel esprit, beau parleur,
    Se croyait un très-grand docteur,
    Et monsieur Jean passait sa vie
A lire l'almanach, à regarder le temps,
    Et la girouette, et les vents.
Bientôt, donnant l'essor à son rare génie,
Il voulut découvrir comment d'un pois tout seul
Des milliers de pois peuvent sortir si vite ;
    Pourquoi la graine du tilleul,
Qui produit un grand arbre, est pourtant plus petite
Que la fève, qui meurt à deux pieds du terrain ;
    Enfin par quel secret mystère
Cette fève, qu'on sème au hasard sur la terre,

Sait se retourner dans son sein,
Place en bas sa racine, et pousse en haut sa tige.
   Tandis qu'il rêve, et qu'il s'afflige
De ne point pénétrer ces importants secrets,
   Il n'arrose point son marais ;
   Ses épinards et sa laitue
Sèchent sur pied; le vent du nord lui tue
   Ses figuiers, qu'il ne couvre pas.
Point de fruits au marché, point d'argent dans la
Et le pauvre docteur, avec ses almanachs,   [bourse
   N'a que son frère pour ressource.
   Celui-ci, dès le grand matin,
Travaillait en chantant quelque joyeux refrain,
Bêchait, arrosait tout, du pêcher à l'oseille.
Sur ce qu'il ignorait sans pouvoir discourir,
Il semait bonnement pour pouvoir recueillir.
Aussi dans son terrain tout venait à merveille ;
Il avait des écus, des fruits, et du plaisir.
   Ce fut lui qui nourrit son frère;
   Et quand monsieur Jean tout surpris
S'en vint lui demander comment il savait faire :
« Mon ami, lui dit-il, voici tout le mystère :
   Je travaille, et tu réfléchis ;
   Lequel rapporte davantage ?
   Tu te tourmentes, je jouis :
   Qui de nous deux est le plus sage ? »

L'ÉLÉPHANT BLANC

Dans certains pays de l'Asie
On révère les éléphants,

Surtout les blancs.
Un palais est leur écurie,
On les sert dans des vases d'or ;
Tout homme à leur aspect s'incline vers la terre,
    Et les peuples se font la guerre
    Pour s'enlever ce beau trésor.
Un de ces éléphants, grand penseur, bonne tête,
Voulut savoir un jour d'un de ses conducteurs
    Ce qui lui valait tant d'honneurs,
Puisqu'au fond, comme un autre, il n'était qu'une bête.
« Ah ! répond le cornac, c'est trop d'humilité ;
    L'on connaît votre dignité,
Et toute l'Inde sait qu'au sortir de la vie
Les âmes des héros qu'a chéris la patrie
    S'en vont habiter quelque temps
    Dans les corps des éléphants blancs.
Nos talapoins l'ont dit, ainsi la chose est sûre.
    — Quoi ! vous nous croyez des héros ?
— Sans doute. — Et sans cela nous serions en repos,
Jouissant dans les bois des biens de la nature ?
— Oui, seigneur. — Mon ami, laisse-moi donc partir,
    Car on t'a trompé, je t'assure,
    Et si tu veux y réfléchir,
    Tu verras bientôt l'imposture.
    Nous sommes fiers et caressants,
    Modérés, quoique tout-puissants :
    On ne nous voit point faire injure
A plus faible que nous ; l'amour dans notre cœur
    Reçoit des lois de la pudeur ;
    Malgré la faveur où nous sommes,
Les honneurs n'ont jamais altéré nos vertus :
    Quelles preuves faut-il de plus ?
    Comment nous croyez-vous des hommes ? »

LE PAON, LES DEUX OISONS ET LE PLONGEON

Un paon faisait la roue, et les autres oiseaux
    Admiraient son brillant plumage.
Deux oisons nasillards, du fond d'un marécage,
    Ne remarquaient que ses défauts.
« Regarde, disait l'un, comme sa jambe est faite,
    Comme ses pieds sont plats, hideux.
— Et son cri, disait l'autre, est si mélodieux.
    Qu'il fait fuir jusqu'à la chouette. »
Chacun riait alors du mot qu'il avait dit.
    Tout à coup un plongeon sortit :
« Messieurs, leur cria-t-il, vous voyez d'une lieue
Ce qui manque à ce paon : c'est bien voir, j'en conviens;
Mais votre chant, vos pieds, sont plus laids que les
    Et vous n'aurez jamais sa queue. »   [siens,

LE ROSSIGNOL ET LE PRINCE

Un jeune prince, avec son gouverneur,
Se promenait dans un bocage,
Et s'ennuyait, suivant l'usage :
C'est le profit de la grandeur.

Un rossignol chantait sous le feuillage :
Le prince l'aperçoit, et le trouve charmant ;
Et, comme il était prince, il veut dans le moment
    L'attraper et le mettre en cage.
Mais pour le prendre il fait du bruit,
    Et l'oiseau fuit.
« Pourquoi donc, dit alors Son Altesse en colère,
    Le plus aimable des oiseaux
Se tient-il dans les bois, farouche et solitaire,
Tandis que mon palais est rempli de moineaux ?
— C'est, lui dit le Mentor, afin de vous instruire
De ce qu'un jour vous devez éprouver ;
    Les sots savent tous se produire ;
Le mérite se cache, il faut l'aller trouver. »

LE TROUPEAU DE COLAS

Dès la pointe du jour sortant de son hameau,
Colas, jeune pasteur d'un assez beau troupeau,
    Le conduisait au pâturage.
    Sur sa route il trouve un ruisseau
Que, la nuit précédente, un effroyable orage
Avait rendu torrent : comment passer cette eau?
Chien, brebis et berger, tout s'arrête au rivage.
En faisant un circuit l'on eût gagné le pont;
C'était bien le plus sûr, mais c'était le plus long :
Colas veut abréger. D'abord il considère
    Qu'il peut franchir cette rivière ;
    Et comme ses béliers sont forts,
    Il conclut que, sans grands efforts,
Le troupeau sautera. Cela dit, il s'élance ;
Son chien saute après lui; béliers d'entrer en danse
    A qui mieux mieux : courage, allons !
    Après les béliers, les moutons ;
Tout est en l'air, tout saute ; et Colas les excite
    En s'applaudissant du moyen.
Les béliers, les moutons, sautèrent assez bien :
    Mais les brebis vinrent ensuite.
Les agneaux, les vieillards, les faibles, les peureux,
    Les mutins, corps toujours nombreux,
Qui refusaient le saut ou sautaient de colère,
    Et, soit faiblesse, soit dépit,
    Se laissaient choir dans la rivière.
Il s'en noya le quart; un autre quart s'enfuit,

Et sous la dent du loup périt.
Colas, réduit à la misère,
S'aperçut, mais trop tard, que pour un bon pasteur
Le plus court n'est pas le meilleur.

LE VIEUX ARBRE ET LE JARDINIER

Un jardinier, dans son jardin,
Avait un vieux arbre stérile :
C'était un grand poirier qui jadis fut fertile ;
Mais il avait vieilli, tel est notre destin.
Le jardinier ingrat veut l'abattre un matin ;
Le voilà qui prend sa cognée.
Au premier coup, l'arbre lui dit :
« Respecte mon grand âge, et souviens-toi du fruit
Que je t'ai donné chaque année.
La mort va me saisir, je n'ai plus qu'un instant :
N'assassine pas un mourant
Qui fut ton bienfaiteur. — Je te coupe avec peine,
Répond le jardinier ; mais j'ai besoin de bois. »
Alors, gazouillant à la fois,
De rossignols une centaine
S'écrie : « Épargne-le, nous n'avons plus que lui :
Lorsque ta femme vient s'asseoir sous son ombrage.
Nous la réjouissons par notre doux ramage ;
Elle est seule souvent, nous charmons son ennui. »
Le jardinier les chasse, et rit de leur requête ;
Il frappe un second coup. D'abeilles un essaim

Sort aussitôt du tronc, en lui disant : Arrête,
Écoute-nous, homme inhumain.
Si tu nous laisses cet asile,
Chaque jour nous te donnerons
Un miel délicieux, dont tu peux à la ville
Porter et vendre les rayons :
Cela te touche-t-il? — J'en pleure de tendresse,
Répond l'avare jardinier.
Eh! que ne dois-je pas à ce pauvre poirier
Qui m'a nourri dans sa jeunesse?
Ma femme quelquefois vient ouïr ces oiseaux ;
C'en est assez pour moi : qu'ils chantent en repos.
Et vous qui daignerez augmenter mon aisance,
Je veux pour vous de fleurs semer tout ce canton. »
Cela dit, il s'en va, sûr de sa récompense,
Et laisse vivre le vieux tronc.

Comptez sur la reconnaissance,
Quand l'intérêt vous en répond.

LE PETIT CHIEN

La vanité nous rend aussi dupes que sots.
Je me souviens, à ce propos,
Qu'au temps jadis, après une sanglante guerre
Où, malgré les plus beaux exploits,
Maint lion fut couché par terre,
L'éléphant régna dans les bois.
Le vainqueur, politique habile,

Voulant prévenir désormais
Jusqu'au moindre sujet de discorde civile,
De ses vastes États exila pour jamais
La race des lions, son ancienne ennemie.
L'édit fut proclamé. Les lions affaiblis,
Se soumettant au sort qui les avait trahis,
   Abandonnent tous leur patrie.
Ils ne se plaignent pas, ils gardent dans leur cœur
   Et leur courage et leur douleur.
Un bon vieux petit chien, de la charmante espèce
De ceux qui vont portant jusqu'au milieu du dos
   Une toison tombante à flots,
   Exhalait ainsi sa tristesse :
« Il faut donc vous quitter, ô pénates chéris !
   Un barbare, à l'âge où je suis,
M'oblige à renoncer aux lieux qui m'ont vu naître.
Sans appui, sans secours, dans un pays nouveau,
Je vais, les yeux en pleurs, demander un tombeau
   Qu'on me refusera peut-être.
O tyran, tu le veux ! allons, il faut partir. »
Un barbet l'entendit : touché de sa misère,
« Quel motif, lui dit-il, peut t'obliger à fuir?
— Ce qui m'y force? ô ciel ! Et cet édit sévère
Qui nous chasse à jamais de cet heureux canton ...
— Nous? — Non pas vous, mais moi. — Comment! toi,
                [mon cher frère.
Qu'as-tu donc de commun...? — Plaisante question !
   Eh! ne suis-je pas un lion[1]? »

---

[1] La petite espèce de chiens dont on veut parler porte le nom de chiens-lions.

LA JEUNE POULE ET LE VIEUX RENARD

Une poulette jeune et sans expérience,
    En trottant, cloquetant, grattant,
    Se trouva, je ne sais comment,
Fort loin du poulailler, berceau de son enfance.
Elle s'en aperçut, qu'il était déjà tard.
Comme elle y retournait, voici qu'un vieux renard
    A ses yeux troublés se présente.
    La pauvre poulette tremblante
    Recommanda son âme à Dieu.
    Mais le renard, s'approchant d'elle,
    Lui dit : « Hélas ! mademoiselle,
    Votre frayeur m'étonne peu ;
    C'est la faute de mes confrères,
Gens de sac et de corde, infâmes ravisseurs,
    Dont les appétits sanguinaires
    Ont rempli la terre d'horreurs.
Je ne puis les changer, mais du moins je travaille
    A préserver par mes conseils
    L'innocente et faible volaille
    Des attentats de mes pareils.
Je ne me trouve heureux qu'en me rendant utile ;
Et j'allais, de ce pas, jusque dans votre asile
Pour avertir vos sœurs qu'il court un mauvais bruit :
C'est qu'un certain renard, méchant autant qu'habile,
    Doit vous attaquer cette nuit.
Je viens veiller pour vous. » La crédule innocente

Vers le poulailler le conduit.

A peine est-il dans ce réduit,
Qu'il tue, étrangle, égorge, et sa griffe sanglante
Entasse les mourants sur la terre étendus,
Comme fit Diomède au quartier de Rhésus.
    Il croqua tout, grandes, petites,
Coqs, poulets et chapons ; tout périt sous ses dents.

    La pire espèce des méchants
    Est celle des vieux hypocrites.

LE BŒUF, LE CHEVAL ET L'ANE

    Un bœuf, un baudet, un cheval,
    Se disputaient la préséance.
- Un baudet ! direz-vous ; tant d'orgueil lui sied mal.
A qui l'orgueil sied-il ? Et qui de nous ne pense
Valoir ceux que le rang, les talents, la naissance,
    Élèvent au-dessus de nous ?
    Le bœuf d'un ton modeste et doux,
    Alléguait ses nombreux services,
    Sa force, sa docilité ;
Le coursier, sa valeur, ses nobles exercices ;
    Et l'âne, son utilité.
« Prenons, dit le cheval, les hommes pour arbitres :
En voici venir trois, exposons-leur nos titres.
Si deux sont d'un avis, le procès est jugé. »
Les trois hommes venus, notre bœuf est chargé
D'être le rapporteur ; il explique l'affaire,
    Et demande le jugement.

Un des juges choisis, maquignon bas normand,
        Crie aussitôt : « La chose est claire,
Le cheval a gagné. — Non pas, mon cher confrère,
Dit le second jugeur, c'était un gros meunier;
        L'âne doit marcher le premier :
Tout autre avis serait d'une injustice extrême.
        — Oh! que nenni, dit le troisième,
Fermier de sa paroisse et riche laboureur :
        Au bœuf appartient cet honneur.
— Quoi! reprend le coursier, écumant de colère,
Votre avis n'est dicté que par votre intérêt?
— Eh! mais, dit le Normand, par quoi donc, s'il vous
        N'est-ce pas le code ordinaire?   [plaît?

LES DEUX CHATS

Deux chats, qui descendaient du fameux Rodillard,
Et dignes tous les deux de leur noble origine,
Différaient d'embonpoint : l'un était gras à lard,
        C'était l'aîné; sous son hermine,
        D'un chanoine, il avait la mine,
Tant il était dodu, potelé, frais et beau :
        Le cadet n'avait que la peau
        Collée à sa tranchante épine.
Cependant ce cadet, du matin jusqu'au soir,
        De la cave à la gouttière
        Trottait, courait, il fallait voir !
        Sans en faire meilleure chère.
        Enfin, un jour, au désespoir,
        Il tint ce discours à son frère :
        « Explique-moi par quel moyen,

Passant ta vie à ne rien faire,
Moi travaillant toujours, on te nourrit si bien,
Et moi si mal. — La chose est claire.
Lui répondit l'aîné : tu cours tout le logis,
Pour manger rarement quelque maigre souris.
— N'est-ce pas mon devoir?—D'accord; cela peut être :
Mais moi je reste auprès du maître,
Je sais l'amuser par mes tours.
Admis à ses repas sans qu'il me réprimande,
Je prends de bons morceaux, et puis je les demande
En faisant patte de velours,
Tandis que toi, pauvre imbécile,
Tu ne sais rien que le servir.
Va, le secret de réussir,
C'est d'être adroit, non d'être utile. »

5

LES DEUX PAYSANS ET LE NUAGE

« Guillot, disait un jour Lucas
D'une voix triste et lamentable,
Ne vois-tu pas venir là-bas
Ce gros nuage noir? C'est la marque effroyable ʃGuillot.
Du plus grand des malheurs. — Pourquoi? répond
    Pourquoi? Regarde donc : ou je ne suis qu'un sot
        Ou ce nuage est de la grêle
Qui va tout abîmer, vigne, avoine, froment;
        Toute la récolte nouvelle
        Sera détruite en un moment.
Il ne restera rien; le village en ruine
        Dans trois mois aura la famine,
Puis la peste viendra, puis nous périrons tous.
— La peste! dit Guillot : doucement, calmez-vous :
        Je ne vois point cela, compère;
Et, s'il faut vous parler selon mon sentiment,
        C'est que je vois tout le contraire;
        Car ce nuage assurément
Ne porte point de grêle, il porte de la pluie.
        La terre est sèche dès longtemps,
        Il va bien arroser nos champs,
Toute notre récolte en doit être embellie.
        Nous aurons le double de foin,
Moitié plus de froment, de raisins abondance;
        Nous serons tous dans l'opulence,
Et rien, hors les tonneaux, ne nous fera besoin.

— C'est bien voir que cela! dit Lucas en colère.
— Mais chacun a ses yeux, lui répondit Guillot.
— Oh! puisqu'il est ainsi, je ne dirai plus mot;
    Attendons la fin de l'affaire :
Rira bien qui rira le dernier. — Dieu merci,
    Ce n'est pas moi qui pleure ici. »
Ils s'échauffaient tous deux, déjà, dans leur furie,
Ils allaient se gourmer, lorsqu'un souffle de vent
Emporta loin de là le nuage effrayant :
    Ils n'eurent ni grêle ni pluie.

LA BALANCE DE MINOS

    Minos, ne pouvant plus suffire
Au fatigant métier d'entendre et de juger
Chaque ombre descendue au ténébreux empire,
    Imagina, pour abréger,
    De faire faire une balance,
Où dans l'un des bassins il mettait à la fois
  Cinq ou six morts, dans l'autre un certain poids
    Qui déterminait la sentence.
Si le poids s'élevait, alors plus à loisir
    Minos examinait l'affaire :
    Si le poids baissait, au contraire,
    Sans scrupule il faisait punir.
La méthode était sûre, expéditive et claire ;
Minos s'en trouvait bien. Un jour, en même temps,
    Au bord du Styx la mort rassemble

Deux rois, un grand ministre, un héros, trois savants.
   Minos les fait peser ensemble :
   Le poids s'élève ; il en met deux,
Et puis trois ; c'est en vain : quatre ne font pas mieux
Minos, un peu surpris, ôte de la balance
Ces inutiles poids, cherche un autre moyen,
Et, près de là voyant un pauvre homme de bien
Qui dans un coin obscur attendait en silence,
   Il le met seul en contre-poids :
Les six ombres alors s'élèvent à la fois.

L'ANE ET LA FLUTE

   Les sots sont un peuple nombreux,
   Trouvant toutes choses faciles :
Il faut le leur passer, souvent ils sont heureux ;
   Grand motif de se croire habiles.

   Un âne, en broutant ses chardons,
Regardait un pasteur jouant, sous le feuillage,
   D'une flûte dont les doux sons
Attiraient et charmaient les bergers du bocage.
Cet âne mécontent disait : « Ce monde est fou !
   Les voilà tous, bouche béante,
Admirant un grand sot qui sue et se tourmente
   A souffler dans un petit trou.
C'est par de tels efforts qu'on parvient à leur plaire,
Tandis que moi.... Suffit.... Allons-nous-en d'ici
   Car je me sens trop en colère. »

Notre âne, en raisonnant ainsi,
Avance quelques pas, lorsque, sur la fougère,
Une flûte, oubliée en ces champêtres lieux
          Par quelque pasteur amoureux,
Se trouve sous ses pieds. Notre âne se redresse,
Sur elle de côté fixe ses deux gros yeux ;
Une oreille en avant, lentement il se baisse,
Applique son naseau sur le pauvre instrument,
Et souffle tant qu'il peut.... O hasard incroyable
          Il en sort un son agréable.
          L'âne se croit un grand talent,
Et, tout joyeux, s'écrie, en faisant la culbute
          Eh ! je joue aussi de la flûte. »

LE SINGE QUI MONTRE LA LANTERNE MAGIQUE

Messieurs les beaux esprits, dont la prose et les vers
Sont d'un style pompeux et toujours admirable,
Mais que l'on n'entend point, écoutez cette fable,
          Et tâchez de devenir clairs.
Un homme qui montrait la lanterne magique
          Avait un singe, dont les tours
          Attiraient chez lui grand concours.
Jacqueau (c'était son nom), sur la corde élastique,
          Dansait et voltigeait au mieux,
          Puis faisait le saut périlleux.
Et puis sur un cordon, sans que rien le soutienne,
          Le corps droit, fixe, d'aplomb,

Notre Jacqueau fait tout du long
L'exercice à la prussienne.
Un jour qu'au cabaret son maître était resté
(C'était, je pense, un jour de fête),
Notre singe en liberté
Veut faire un coup de sa tête.
Il s'en va rassembler les divers animaux
Qu'il peut rencontrer dans la ville ;
Chiens, chats, poulets, dindons, pourceaux,
Arrivent bientôt à la file.
« Entrez, entrez, messieurs ! criait notre Jacqueau ;
C'est ici, c'est ici qu'un spectacle nouveau
Vous charmera gratis. Oui, messieurs, à la porte
On ne prend point d'argent, je fais tout pour l'honneur.
A ces mots, chaque spectateur
Va se placer, et l'on apporte
La lanterne magique : on ferme les volets,
Et, par un discours fait exprès,
Jacqueau prépare l'auditoire.
Ce morceau vraiment oratoire
Fit bâiller ; mais on applaudit.
Content de son succès, notre singe saisit
Un verre peint, qu'il met dans sa lanterne.
Il sait comment on le gouverne,
Et crie en le poussant « : Est-il rien de pareil ?
Messieurs, vous voyez le soleil,
Ses rayons et toute sa gloire.
Voici présentement la lune ; et puis l'histoire
D'Adam, d'Ève, et des animaux....
Voyez, messieurs, comme ils sont beaux !
Voyez la naissance du monde ;
Voyez.... » Les spectateurs, dans une nuit profonde,
Écarquillaient leurs yeux, et ne pouvaient rien voir ;

L'appartement, le mur, tout était noir.
« Ma foi, disait un chat, de toutes les merveilles
    Dont il étourdit nos oreilles,
    Le fait est que je ne vois rien.
    — Ni moi non plus, disait un chien.
— Moi, disait un dindon, je vois bien quelque chose
    Mais je ne sais pour quelle cause
    Je ne distingue pas très-bien. »
Pendant tous ces discours, le Cicéron moderne
Parlait éloquemment, et ne se lassait point.
    Il n'avait oublié qu'un point,
    C'était d'éclairer sa lanterne.

LE CHAT ET LES RATS

    Un angora, que sa maîtresse
    Nourrissait de mets délicats,
    Ne faisait plus la guerre aux rats ;
Et les rats, connaissant sa bonté, sa paresse,
Allaient, trottaient partout, et ne se gênaient pas.
Un jour, dans un grenier retiré, solitaire,
Où notre chat dormait après un bon festin,
    Plusieurs rats viennent dans le grain
    Prendre leur repas ordinaire.
L'angora ne bougeait. Alors mes étourdis
Pensent qu'ils lui font peur ; l'orateur de la troupe
    Parle des chats avec mépris.
    On applaudit fort, on s'attroupe,
    On le proclame général.

Grimpé sur un boisseau qui sert de tribunal :
« Braves amis, dit-il, courons à la vengeance.
De ce grain désormais nous devons être las ;
Jurons de ne manger désormais que des chats :
On les dit excellents, nous en ferons bombance. »
A ces mots, partageant son belliqueux transport,
Chaque nouveau guerrier sur l'angora s'élance,
          Et réveille le chat qui dort.
Celui-ci, comme on croit, dans sa juste colère,
          Couche bientôt sur la poussière
          Général, tribuns et soldats.
          Il ne s'échappa que deux rats,
Qui disaient, en fuyant bien vite à leur tanière :
          « Il ne faut point pousser à bout
          L'ennemi le plus débonnaire :
On perd ce que l'on tient, quand on veut gagner tout. »

LA BREBIS ET LE CHIEN

La brebis et le chien, de tous les temps amis,
Se racontaient un jour leur vie infortunée.
« Ah ! disait la brebis, je pleure et je frémis,
Quand je songe aux malheurs de notre destinée.
Toi, l'esclave de l'homme, adorant des ingrats,
          Toujours soumis, tendre et fidèle,
          Tu reçois, pour prix de ton zèle,
          Des coups, et souvent le trépas.

Moi, qui tous les ans les habille,
Qui leur donne du lait et qui fume leurs champs,
Je vois chaque matin quelqu'un de ma famille
        Assassiné par ces méchants.
Leurs confrères les loups dévorent ce qui reste.
        Victimes de ces inhumains,
Travailler pour eux seuls, et mourir par leurs mains,
        Voilà notre destin funeste!
    — Il est vrai, dit le chien : mais crois-tu plus heureux
        Les auteurs de notre misère?
        Va, ma sœur, il vaut encor mieux
        Souffrir le mal que de le faire. »

LE POISSON VOLANT

Certain poisson volant, mécontent de son sort,
  Disait à sa vieille grand'mère :
  « Je ne sais comment je dois faire
  Pour me préserver de la mort. ,
De nos aigles marins je redoute la serre
  Quand je m'élève dans les airs,
  Et les requins me font la guerre
  Quand je me plonge au fond des mers. »
La vieille lui répond : « Mon enfant, dans ce monde
  Lorsqu'on n'est pas aigle ou requin,
Il faut tout doucement suivre un petit chemin,
En nageant près de l'air et volant près de l'onde. »

LE PERROQUET

Un gros perroquet gris, échappé de sa cage,
  Vint s'établir dans un bocage,
Et là, prenant le ton de nos faux connaisseurs,
Jugeant tout, blâmant tout d'un air de suffisance,
Au chant du rossignol il trouvait des longueurs,
  Critiquait surtout sa cadence.
Le linot, selon lui, ne savait pas chanter ;
La fauvette aurait fait quelque chose peut-être,
  Si de bonne heure il eût été son maître,
  Et qu'elle eût voulu profiter.

Enfin aucun oiseau n'avait l'art de lui plaire;
Et dès qu'i's commençaient leurs joyeuses chansons,
Par des coups de sifflet répondant à leurs sons,
  Le perroquet les faisait taire,
Lassés de tant d'affronts, tous les oiseaux du bois
Viennent lui dire un jour :« Mais parlez donc, beau sire,
Vous qui sifflez toujours, faites qu'on vous admire.
Sans doute vous avez une brillante voix :
  Daignez chanter pour nous instruire. »
  Le perroquet dans l'embarras,
Se gratte un peu la tête, et finit par leur dire :
« Messieurs, je siffle bien, mais je ne chante pas.

LA PIE ET LA COLOMBE

  Une colombe avait son nid
  Tout auprès du nid d'une pie.
Cela s'appelle voir mauvaise compagnie,
D'accord ; mais de ce point pour l'heure il ne s'agit.
  Au logis de la tourterelle
  Ce n'était qu'amour et bonheur ;
  Dans l'autre nid, toujours querelle,
  Œufs cassés, tapage et rumeur.
Lorsque par son époux la pie était battue,
  Chez sa voisine elle venait,
  Là jasait, criait, se plaignait,
  Et faisait la longue revue
  Des défauts de son cher époux :

« Il est fier, exigeant, dur, emporté, jaloux ;
De plus, je sais fort bien qu'il va voir des corneilles. »
    Et cent autres choses pareilles
    Qu'elle disait dans son courroux.
    « Mais vous, répond la tourterelle,
Êtes-vous sans défauts ? — Non, j'en ai, lui dit-elle ;
    Je vous le confie entre nous :
En conduite, en propos, je suis assez légère,
Coquette comme on l'est ; parfois un peu colère,
Et me plaisant souvent à le faire enrager :
Mais qu'est-ce que cela ? — C'est beaucoup trop, ma
    Commencez par vous corriger.   [chère ;
Votre humeur peut l'aigrir.—Qu'appelez-vous ma mie ?
    Interrompt aussitôt la pie :
Moi de l'humeur ? Comment ! je vous conte mes maux,
Et vous m'injuriez ! Je vous trouve plaisante.
    Adieu, petite impertinente :
    Mêlez-vous de vos tourtereaux. »

    Nous convenons de nos défauts,
    Mais c'est pour que l'on nous démente.

LE ROI ALPHONSE

Certain roi qui régnait sur les rives du Tage,
    Et que l'on surnomma *le Sage*,
    Non parce qu'il était prudent,
    Mais parce qu'il était savant,
Alphonse, fut surtout un habile astronome.

Il connaissait le ciel bien mieux que son royaume,
    Et quittait souvent son conseil
    Pour la lune ou pour le soleil.
Un soir qu'il retournait à son observatoire,
    Entouré de ses courtisans,
« Mes amis, disait-il, enfin j'ai lieu de croire
    Qu'avec mes nouveaux instruments
Je verrai, cette nuit, des hommes dans la lune.
    — Votre Majesté les verra,
Répondait-on ; la chose est même trop commune :
    Elle doit voir mieux que cela. »
Pendant tous ces discours, un pauvre, dans la rue,
S'approche en demandant humblement, chapeau bas,
Quelques maravédis. Le roi ne l'entend pas,
Et sans le regarder son chemin continue.
Le pauvre suit le roi, toujours tendant la main,
Toujours renouvelant sa prière importune :
Mais, les yeux vers le ciel, le roi, pour tout refrain,
Répétait : « Je verrai des hommes dans la lune. »
    Enfin le pauvre le saisit
Par son manteau royal, et gravement lui dit :
« Ce n'est pas de là-haut, c'est des lieux où nous sommes
    Que Dieu vous a fait souverain.
Regardez à vos pieds ; là vous verrez des hommes,
    Et des hommes manquant de pain. »

LE CHAT ET LE MIROIR

Philosophes hardis, qui passez votre vie
A vouloir expliquer ce qu'on n'explique pas,

Daignez écouter, je vous prie,
Ce trait du plus sage des chats.
Sur une table de toilette
Ce chat aperçut un miroir,
Il y saute, regarde, et d'abord pense voir
Un de ses frères qui le guette.
Notre chat, veut le joindre, il se trouve arrêté.
Surpris, il juge alors la glace transparente,
Et passe de l'autre côté,
Ne trouve rien, revient, et le chat se présente.
Il réfléchit un peu : de peur que l'animal,
Tandis qu'il fait le tour, ne sorte,
Sur le haut du miroir il se met à cheval,
Une patte par-ci, l'autre par-là ; de sorte
Qu'il puisse partout le saisir.
Alors, croyant bien le tenir,
Doucement vers la glace il incline sa tête,
Aperçoit une oreille, et puis deux... A l'instant,
A droite, à gauche, il va jetant
Sa griffe qu'il tient toute prête :
Mais il perd l'équibre, il tombe et n'a rien pris.
Alors, sans davantage attendre,
Sans chercher plus longtemps ce qu'il ne peut com-
Il laisse le miroir, et retourne aux souris :   [prendre.
« Que m'importe, dit-il, de percer ce mystère ?
Une chose que notre esprit,
Après un long travail, n'entend ni ne saisit,
Ne nous est jamais nécessaire. »

L'AVEUGLE ET LE PARALYTIQUE

Aidons-nous mutuellement,
La charge des malheurs en sera plus légère :
Le bien que l'on fait à son frère
Pour le mal que l'on souffre est un soulagement.
Confucius l'a dit ; suivons tous sa doctrine :
Pour la persuader aux peuples de la Chine,
Il leur contait le trait suivant :
Dans une ville de l'Asie
Il existait deux malheureux,
L'un perclus, l'autre aveugle, et pauvres tous les deux :
Ils demandaient au ciel de terminer leur vie ;
Mais leurs cris étaient superflus,
Ils ne pouvaient mourir. Notre paralytique,
Couché sur un grabat dans la place publique,
Souffrait sans être plaint : il en souffrait bien plus.
L'aveugle, à qui tout pouvait nuire,
Était sans guide, sans soutien,
Sans avoir même un pauvre chien
Pour l'aimer et pour le conduire.
Un certain jour il arriva
Que l'aveugle à tâtons, au détour d'une rue,
Près du malade se trouva :
Il entendit ses cris, son âme en fut émue.
Il n'est tels que les malheureux
Pour se plaindre les uns les autres.
« J'ai mes maux, lui dit-il, et vous avez les vôtres :
Unissons-les, mon frère, ils seront moins affreux.
— Hélas ! dit le perclus, vous ignorez, mon frère,
Que je ne puis faire un seul pas :

Vous-même vous n'y voyez pas :
A quoi nous servirait d'unir notre misère?
— A quoi? répond l'aveugle; écoutez : à nous deux
Nous possédons le bien à chacun nécessaire ;
    J'ai des jambes, et vous des yeux.
Moi, je vais vous porter : vous, vous serez mon guide :
Vos yeux dirigeront mes pas mal assurés ;
Mes jambes, à leur tour, iront où vous voudrez.
Ainsi, sans que jamais notre amitié décide
Qui de nous deux remplit le plus utile emploi,
Je marcherai pour vous, vous y verrez pour moi. »

LE COQ FANFARON

Il fait bon battre un glorieux.
Des revers qu'il éprouve il est toujours joyeux ;
Toujours sa vanité trouve dans sa défaite
    Un moyen d'être satisfaite,
    Un coq, sans force et sans talent,
    Jouissait, on ne sait comment,
    D'une certaine renommée.
Cela se voit, dit-on, chez la gent emplumée,
Et chez d'autres encore. Insolent comme un sot,
    Notre coq traita mal un poulet de mérite,
    La jeunesse aisément s'irrite :
Le poulet offensé le provoque aussitôt,
Et le cou tout gonflé, sur lui se précipite ;
    Dans l'instant le coq orgueilleux
Est battu, déplumé, reçoit mainte blessure :
Et si l'on n'eût fini ce combat dangereux,
    Sa mort terminait l'aventure.

Quand le poulet fut loin, le coq, en s'épluchant,
Disait : « Cet enfant-là m'a montré du courage ;
　　J'ai beaucoup ménagé son âge.
　　Mais de lui je suis fort content. »
Un coq, vieux et cassé, témoin de cette histoire,
　　La répandit et s'en moqua.
　　Notre fanfaron l'attaqua,
Croyant facilement remporter la victoire.
Le brave vétéran, de lui trop mal connu,
En quatre coups de bec lui partage la crête,
Le dépouille en entier des pieds jusqu'à la tête,
　　Et le laisse là presque nu.
　　Alors notre coq, sans se plaindre,
Dit : « C'est un bon vieillard, j'en ai bien peu souffert :
　　Mais je le trouve encore vert,
Et dans son jeune temps il devait être à craindre. »

L'AUTEUR ET LES SOURIS

Un auteur se plaignait que ses meilleurs écrits
    Étaient rongés par les souris :
    Il avait beau changer d'armoire,
    Avoir tous les piéges à rats,
        Et de bons chats,
  Rien n'y faisait ; prose, vers, drame, histoire,
Tout était entamé ; les maudites souris
Ne respectaient pas plus un héros et sa gloire,
    Ou le récit d'une victoire,
    Qu'un petit bouquet à Chloris.
Notre homme au désespoir, et l'on peut bien m'en croire
Pour y mettre un auteur peu de chose suffit,
Jette un peu d'arsenic au fond de l'écritoire ;
    Puis dans sa colère il écrit.
Comme il le prévoyait, les souris grignotèrent,
        Et crevèrent.
« C'est bien fait, direz-vous ; cet auteur eut raison. »
Je suis loin de le croire : il n'est point de volume
    Qu'on n'ait mordu, mauvais ou bon ;
    Et l'on déshonore sa plume
    En la trempant dans du poison.

LE LIERRE ET LE THYM

  « Que je te plains, petite plante !
  Disait un jour le lierre au thym :
  Toujours ramper, c'est ton destin ;
  Ta tige chétive et tremblante

Sort à peine de terre, et la mienne dans l'air,
Unie au chêne altier que chérit Jupiter,
    S'élance avec lui dans la nue.
— Il est vrai, dit le thym, ta hauteur m'est connue ;
Je ne puis sur ce point disputer avec toi :
    Mais je me soutiens par moi-même ;
Et sans cet arbre, appui de ta faiblesse extrême,
    Tu ramperais plus bas que moi. »
Traducteurs, éditeurs, faiseurs de commentaires,
Qui nous parlez toujours de grec ou de latin
    Dans vos discours préliminaires,
    Retenez ce que dit le thym.

LA GUÊPE ET L'ABEILLE

Dans le calice d'une fleur
La guêpe un jour voyant l'abeille,
S'approche en l'appelant sa sœur.
Ce nom sonne mal à l'oreille
De l'insecte plein de fierté,
Qui lui répond : « Nous, sœurs ! ma mie,
Depuis quand cette parenté ?
— Mais c'est depuis toute la vie,
Lui dit la guêpe avec courroux.
Considérez-moi, je vous prie :
J'ai des ailes tout comme vous,
Même taille, même corsage :
Et s'il vous en faut davantage,
Nos dards sont aussi ressemblants.
— Il est vrai, répliqua l'abeille ;
Nous avons une arme pareille.

Mais pour des emplois différents.
La vôtre sert votre insolence.
La mienne repousse l'offense ;
Vous provoquez, je me défends. »

LE PHILOSOPHE ET LE CHAT-HUANT

Persécuté, proscrit, chassé de son asile,
Pour avoir appelé les choses par leur nom,
Un pauvre philosophe errait de ville en ville,
Emportant avec lui tous ses biens, sa raison.
Un jour, qu'il méditait sur le fruit de ses veilles,
C'était dans un grand bois, il voit un chat-huant
        Entouré de geais, de corneilles,
        Qui le harcelaient en criant :
        « C'est un coquin, c'est un impie,
        Un ennemi de la patrie !
Il faut le plumer vif : oui, oui, plumons, plumons ;
        Ensuite nous le jugerons. »
Et tous fondaient sur lui : la malheureuse bête,
Tournant et retournant sa bonne et grosse tête,
Leur disait, mais en vain, d'excellentes raisons.
Touché de son malheur, car la philosophie
        Nous rend plus doux et plus humains,
Notre sage fait fuir la cohorte ennemie,
Puis dit au chat-huant : « Pourquoi ces assassins
        En voulaient-ils à votre vie ?
Que leur avez-vous fait ? » L'oiseau lui répondit :
« Rien du tout ; mon seul crime est d'y voir clair la nuit. »

LES DEUX BACHELIERS

Deux jeunes bacheliers logés chez un docteur
    Y travaillaient avec ardeur
A se mettre en état de prendre leurs licences.
Là, du matin au soir, en public disputant,
    Prouvant, divisant, ergotant
    Sur la nature et ses substances,
L'infini, le fini, l'âme, la volonté,
Les sens, le libre arbitre et la nécessité.
Ils en étaient bientôt à ne plus se comprendre :
Même par là souvent l'on dit qu'ils commençaient ;
    Mais c'est alors qu'ils se poussaient
Les plus beaux arguments : qui venait les entendre
    Bouche béante demeurait,
Et leur professeur même en extase admirait.

Une nuit, qu'ils dormaient dans le grenier du maître
Sur un grabat commun, voilà mes jeunes gens
　　　Qui, dans un rêve, pensent être
　　　A se disputer sur les bancs,
« Je démontre, dit l'un. — Je distingue, dit l'autre.
Or, voici mon dilemme. — *Ergo*, voici le nôtre.... »
A ces mots, nos rêveurs, criants, gesticulants,
Au lieu de s'en tenir aux simples arguments
D'Aristote ou de Scot, soutiennent leur dilemme
　　　De coups de poing bien assénés
　　　　　　Sur le nez.
Tous deux sautent du lit dans une rage extrême,
　　　Se saisissent par les cheveux,
Tombent, et font tomber pêle-mêle avec eux
Tous les meubles qu'ils ont, deux chaises, une table
Et quatre in-folio écrits sur parchemin.
Le professeur arrive, une chandelle en main,
　　　A ce tintamarre effroyable :
« Le diable est donc ici ! dit-il tout hors de soi ;
Comment sans y voir clair et sans savoir pourquoi,
Vous vous battez ainsi ! Quelle mouche vous pique ?
— Nous ne nous battons point, disent-ils; jugez mieux :
　　　C'est que nous repassons tous deux
　　　Nos leçons de métaphysique. »

LE CHAT ET LE MOINEAU

　　La prudence est bonne de soi;
Mais la pousser trop loin est une duperie :
　　L'exemple suivant en fait foi.

Des moineaux habitaient dans une métairie.
Un beau champ de millet, voisin de la maison,
    Leur donnait du grain à foison.
Ces moineaux dans le champ passaient toute leur vie
Occupés de gruger les épis de millet.
Le vieux chat du logis les guettait d'ordinaire,
Tournait et retournait : mais il avait beau faire,
Sitôt qu'il paraissait, la bande s'envolait.
Comment les attraper ? Notre vieux chat y songe,
    Médite, fouille en son cerveau,
Et trouve un tour tout neuf. Il va tremper dans l'eau
    Sa patte dont il fait éponge.
Dans du millet en grain aussitôt il la plonge ;
    Le grain s'attache tout autour.
Alors à cloche-pied, sans bruit, par un détour,
    Il va gagner le champ, s'y couche,
    La patte en l'air et sur le dos,
    Ne bougeant non plus qu'une souche.
Sa patte ressemblait à l'épi le plus gros :
L'oiseau s'y méprenait, il approchait sans crainte,
Venait pour becqueter : de l'autre patte, crac !
    Voilà mon oiseau dans le sac.
    Il en prit vingt par cette feinte.
Un moineau s'aperçoit du piége scélérat,
    Et prudemment fuit la machine ;
    Mais dès ce jour il s'imagine
Que chaque épi de grain était patte de chat.
    Au fond de son trou solitaire
    Il se retire, et plus n'en sort,
    Supporte la faim, la misère,
    Et meurt pour éviter la mort.

L'INONDATION

Des laboureurs vivaient paisibles et contents
    Dans un riche et nombreux village;
Dès l'aurore ils allaient travailler à leurs champs.
    Le soir, ils revenaient chantants
    Au sein d'un tranquille ménage;
    Et la nature bonne et sage,
Pour prix de leurs travaux, leur donnait tous les ans
    De beaux blés et de beaux enfants.
Mais il faut bien souffrir, c'est notre destinée :
    Or il arriva qu'une année,
    Dans le mois où le blond Phébus
S'en va faire visite au brûlant Sirius,
    La terre, de sucs épuisée,
    Ouvrant de toutes parts son sein,
    Haletait sous un ciel d'airain :
    Point de pluie, et point de rosée,
Sur un sol crevassé l'on voit noircir le grain ;
Les épis sont brûlés, et leurs têtes penchées
    Tombent sur leurs tiges séchées.
    On trembla de mourir de faim.
La commune s'assemble : en hâte on délibère :
    Et chacun, comme à l'ordinaire,
    Parle beaucoup, et rien ne dit.
Enfin quelques vieillards, gens de sens et d'esprit,
    Proposèrent un parti sage :
« Mes amis, dirent-ils, d'ici vous pouvez voir
    Ce mont peu distant du village :

Là se trouve un grand lac, immense réservoir
Des souterraines eaux qui s'y font un passage.
Allez saigner ce lac; mais sachez ménager
    Un petit nombre de saignées,
Afin qu'à votre gré vous puissiez diriger
Ces bienfaisantes eaux dans vos terres baignées.
Juste quand il faudra nous les arrêterons.
Prenez bien garde au moins!... — Oui! oui! courons,
    S'écrie aussitôt l'assemblée. »   [courons,
    Et voilà mille jeunes gens
Armés d'hoyaux, de pics et d'autres instruments,
Qui volent vers le lac. La terre est travaillée
Tout autour de ses bords; on perce en cent endroits
    A la fois :

D'un morceau de terrain chaque ouvrier se charge :

    Courage, allons ! point de repos !
L'ouverture jamais ne peut être assez large.
Cela fut bientôt fait. Avant la nuit, les eaux,
Tombant de tout leur poids sur leur digue afflaiblie,
    De partout roulent à grands flots.
Transports et compliments de la troupe ébahie,
    Qui s'admire dans ses travaux.
Le lendemain matin ce ne fut pas de même :
On voit flotter les blés sur un océan d'eau,
Pour sortir du village il faut prendre un bateau ;
Tout est perdu, noyé. La douleur est extrême,
On s'en prend aux vieillards. « C'est vous, leur disait-on,
    Qui nous coûtez notre moisson,
Votre maudit conseil... — Il était salutaire,
Répondit un d'entre eux ; mais ce qu'on vient de faire
Est fort loin du conseil comme de la raison.
Nous voulions un peu d'eau, vous nous lâchez la bonde ;
L'excès d'un très-grand bien devient un mal très-grand :
    Le sage arrose doucement,
    L'insensé tout de suite inonde. »

TABLE

	Pages.
La Fable et la Vérité. . . .	7
Le Château de Cartes	8
Le Miroir de la Vérité	10
Le Charlatan	11
Les Singes et le Léopard	12
Le Perroquet confiant	13
Le Roi de Perse.	14
Le Lion et le Léopard	15
La Vipère et la Sangsue	16
La Guenon, le Singe et la Noix.. . . .	17
Les deux Lions	18
La Mère, l'Enfant et les Sarigues. . . .	19
L'Habit d'Arlequin.	21
L'Hermine, le Castor et le Sanglier. . . .	22
L'Avare et son Fils.	24
Le Rossignol et le Paon.. . . .	25
Le Renard déguisé.	26
Le Chat et la Lunette.. . . .	28
Les Serins et le Chardonneret. . . .	29
Le Renard qui prêche. . . .	31
L'Écureuil, le Chien et le Renard	32
Le Rhinocéros et le Dromadaire. . . .	35
Le Danseur de corde et le Balancier. . . .	36
Le Grillon..	37
L'Enfant et le Miroir.	38
Le Vacher et le Garde-chasse. . . .	39
Le Bouvreuil et le Corbeau. . . .	40
Le Linot	41
Le Roi et les deux Bergers. . . .	43
Les Enfants et les Perdreaux	45
Le Cheval et le Poulain.. . . .	46
Les deux Voyageurs.	48
Le Chien et le Chat	49

Le Sanglier et les Rossignols. 50
La Coquette et l'Abeille. 51
La Fauvette et le Rossignol. 52
Les deux Jardiniers 53
L'Éléphant blanc. 54
Le Paon, les deux Oisons et le Plongeon. 56
Le Rossignol et le Prince. 56
Le Troupeau de Colas. 58
Le vieux Arbre et le Jardinier. 59
Le petit Chien. 60
La jeune Poule et le vieux Renard. 62
Le Bœuf, le Cheval et l'Ane. 63
Les deux Chats 64
Les deux Paysans et le Nuage. 66
La Balance de Minos. 67
L'Ane et la Flûte. 68
Le Singe qui montre la Lanterne magique. 69
Le Chat et les Rats. 71
La Brebis et le Chien. 72
Le Poisson volant. 74
Le Perroquet. 74
La Pie et la Colombe. 75
Le roi Alphonse. 76
Le Chat et le Miroir 77
L'Aveugle et le Paralytique. 79
Le Coq fanfaron. 80
L'Auteur et les Souris 82
Le Lierre et le Thym. 82
La Guêpe et l'Abeille. 83
Le Philosophe et le Chat-huant 84
Les deux Bacheliers. 85
Le Chat et le Moineau. 86
L'Inondation. 88

PARIS. — IMP. V. GOUPY ET C*, RUE GARANCIÈRE, 5.

DELARUE, LIBRAIRE-ÉDITEUR

A PARIS, 3, RUE DES GRANDS-AUGUSTINS

CATALOGUE

Manuel théorique et pratique du Jardinier, contenant les connaissances élémentaires de la culture ; l'organisation des plantes, leur fécondation et leur multiplication ; les époques des semis, la taille des arbres, la description et la culture des plantes potagères, aromatiques et économiques ; des arbres fruitiers, arbres, arbrisseaux et arbustes d'ornement, les plantes d'ornement, plantes d'orangerie, de serre chaude et tempérée ; suivi d'un Dictionnaire de termes du jardinage et de botanique, d'une Table analytique des matières, par PIROLLE. Nouvelle édition, revue et augmentée par MM. NOISETTE et BOITARD, chevaliers de la Légion d'honneur, membres de plusieurs Sociétés savantes. Illustré de 150 vignettes par THIÉBAULT. Un gros vol. in-12 de 672 pages.. 5 »

Manuel illustré du Jardinier-fleuriste, par Victor BRÉANT et BOITARD. Gros vol. in-18 grand raisin, nombreuses gravures coloriées représentant les fleurs les plus recherchées pour l'ornement des jardins........................ 5 »

Ce volume traite spécialement de la culture des fleurs et arbustes d'ornement.

Manuel complet de la Cuisinière, contenant : Un Guide pour les personnes en service, les soins du ménage, des appartements, de la vaisselle, du linge, etc., etc.; le service de la table suivant le nombre des convives, la carte des mets et des vins pour chaque service, la manière de découper ; mille recettes gastronomiques, ou Résumé général des cuisines française, italienne et anglaise ; la pâtisserie, les confitures de différentes espèces, les liqueurs, sirops, glaces, limonades, eau de Seltz, etc., par Mlle CATHERINE. 34e édition. Un gros vol. in-12, avec un grand nombre de figures.............................. 3 »

Académie des Jeux, contenant la règle des jeux de calcul et de hasard, et généralement tous les jeux connus anciens et nouveaux, jeux de famille, des cercles, des eaux, etc., etc., mis en ordre par BONNEVEINE, préface par ROSTAING, illustrations par TÉLORY. Un gros vol. in-12, 388 pages, papier fin. Edition de luxe.............................. 3 50

Le Magicien des Salons, ou le Diable couleur de rose, recueil nouveau de tours d'escamotage, de physique amusante, de chimie récréative, tours de cartes, etc. Nouvelle édition, illustrée d'un grand nombre de figures sur bois, gravées avec le plus grand soin. Un beau vol. in-12, avec 200 figures......... 3 50

Manuel du Jeu de Billard, contenant la théorie du billard, ses règles, ses principes généraux, leurs applications diverses, etc., etc., par Désiré LEMAIRE, précédé d'une préface historique, par Jules ROSTAING, 42 planches................ »

PETITE BIBLIOTHÈQUE ILLUSTRÉE

Don Quichotte de la Manche (l'ingénieux chevalier). Traduction nouvelle, par RÉMOND, 120 gravures par TÉLORY. 2 beaux vol. format anglais.. 4 "
   Relié 5 50

Les Fables de J. de La Fontaine, format anglais. 2 vol. illustrés d'environ 100 vignettes, par PAUQUET, papier superfin glacé, impression de luxe. Prix, broché, les 2 vol. réunis. 3 50
   Toutes les figures coloriées........................ 7 "

Les Fables de Florian, format anglais. Un vol. illustré d'environ 50 vignettes, par PAUQUET................... 2 50
   Toutes les figures coloriées........................ 4 "

Les Contes de Perrault, même format. Un vol. illustré d'environ 50 vignettes, par Henry EMY............... 2 50
   Toutes les figures coloriées........................ 4 "

Le Magasin des Enfants, par Mme LEPRINCE DE BEAUMONT. Un gros vol. format anglais, 120 vignettes, par TÉLORY, papier glacé. Broché........................... 3 50
   Relié .... 5 "

Paul et Virginie, par BERNARDIN DE SAINT-PIERRE. Un beau vol., format anglais, vignettes par les premiers artistes, impression de luxe. Broché........................... 3 50
   Relié .... 5 "

Le Vicaire de Wakefield, traduit de l'anglais. Un vol. petit in-8, vignettes anglaises. Broché.................. 3 50
   Relié .... 5 "

Voyages de Gulliver, format anglais. Un vol. illustré d'environ 150 vignettes, par TÉLORY, papier superfin glacé, impression de luxe....................................... 3 50
   Relié .... 5 "

Histoire de France, par Jules ROSTAINO. Un vol. illustré de 75 portraits par les meilleurs artistes, 608 pages, papier fin glacé 3 50
   Relié .... 5 "

Contes choisis de Mme LEPRINCE DE BEAUMONT, format anglais. Un vol. illustré........................... 2 50
   Relié .... 4 "

Contes de Mme D'AULNOY, format anglais, 50 vignettes, papier glacé 2 50
   Relié .... 4 "

La Fleur des Chansons françaises, choix de chansons comiques, romances, chansonnettes, rondes, vaudevilles, contes et fables en chansons, etc., etc., illustré de 100 magnifiques gravures par les premiers artistes, d'après les dessins de TÉLORY. Un vol. petit in-8. Broché........................... 3 50
   Relié richement, tranches dorées.................. 5 "

PETITE BIBLIOTHÈQUE OMNIBUS

ET PETITE BIBLIOTHÈQUE AMUSANTE

Chaque ouvrage forme 1 volume.

Recueil des plus jolies Chansons.	Bons Mots sur la Gastronomie.
Recueil de Proverbes.	Anecdotes sur les Femmes.
Recueil de Charades.	Variétés littéraires.
Recueil de Calembours.	Trésor des Singularités.
Recueil de Contes à rire.	Anecdotes comiques.
Académie des Jeux.	Histoires amusantes, scandaleuses
Recueil des Facéties.	Trésor des Gasconnades.
La Malice des Femmes.	Anecdotes sur le Tabac (Taba-
Trésor des bons Mots.	ciana).
Recueil de Caquets.	Enigmes et Charades.
Poésies joviales.	Trésor des Arlequinades.
Fables de Florian.	Manon Lescaut.
Trésor des Curiosités.	Le Bréviaire de Grégoire.
Eloge de l'Ivresse.	L'Ami de la Famille.
Facéties et Naïvetés épistolaires.	Le Chansonnier de l'Hymen.
Anecdotes de Jurisprudence.	Le Gastronome en goguette.

Chaque volume broché.. 1 »

Le Secrétaire général, contenant des modèles de pétitions
à adresser à Sa Majesté l'Empereur, aux ministres, au Corps
législatif, aux préfets, avec des instructions relatives à tous les
usages de la correspondance ; lettres de fêtes, de bonne année,
de condoléance, de recommandation, de félicitation, de remerci-
ments ; lettres d'affaires et de commerce, modèles de lettres de
change, billets à ordre, effets, promesses, obligations, quittances
de loyer, lettres de voiture, billets d'invitation ; lettres d'amour,
déclarations, demandes en mariage, instructions relatives aux
correspondances nuptiales ; lettres de faire part, de naissance, de
mariage et de décès. Suivi de lettres de Sévigné, Voltaire, Rous-
seau, etc., etc. Ouvrage rédigé et mis en ordre par PRUDHOMME.
46e édition, suivant le cérémonial de l'Empire français. Un beau
vol. in-12.. 3 »

**Formulaire général de tous les actes sous seings
privés,** que l'on peut faire soi-même, tels que : arbitrages,
alignements, contrat d'apprentissage, arrêté de compte, ater-
moiement, bail, bilan, billets, bornage, caution, certificat, cession
de biens, compromis, congé, contre-lettre, convention, décharge,
dépôt, désistement, devis, demande de dispenses, échanges, états
de lieux, expertise, gage, mandat, mitoyenneté (actes concernant
la), partage, pension alimentaire, plainte, quittance, société, tes-
tament, transaction, transport, tutelle, vente, avec une instruction spéciale à chacune des affaires auxquelles se rapportent les
actes formulés, par PRUDHOMME. Un beau vol. in-12..... 3 »

Comptes faits ou Nouveau Barême, contenant : 1o comptes faits calculés depuis un centime jusqu'à dix mille francs ; 2o un traité élémentaire d'arithmétique; 3o le système métrique expliqué, cubage, arpentage, etc.; 4o la tenue des livres ; 5o un petit formulaire d'actes servant de base à tous ceux que l'on peut rédiger soi-même ; 6o une instruction sur les envois, lettres, argent, circulaires, lettres de faire part, échantillons, papiers d'affaires, cartes de visite, paquets par poste, chemins de fer grande et petite vitesse, dépêches télégraphiques; 7o le placement des capitaux, moyen de faire produire les plus gros intérêts en plaçant ses capitaux avec sûreté; 8o renseignements sur les caisses d'épargne et les caisses de retraite pour la vieillesse; 9u les assurances contre l'incendie, assurances sur la vie; 10o Etat civil, actes de naissance, de mariage, de décès; 11o des tableaux de comptes d'intérêts, depuis 3 jusqu'à 10 pour 100, revu et mis en ordre par PRUDHOMME. Un beau vol. Prix 2 50

Recueil de compliments en vers et en prose, suivi de petites comédies pour fêtes de famille et distributions de prix, par Mme J. J. LAMBERT. Un beau vol. in-18 grand raisin, papier fin glacé, impression de J. Claye...................... 2 50

PETITS LIVRES AVEC GRAVURES
POUR LES ENFANTS

FORMAT IN-16. — *Huit jolies gravures coloriées.*

Le Capitaine Sabre de Bois, par Jules FÉLIX.
Gaspard l'avisé, par le MÊME.
Madame Polichinelle, par Mme LAMBERT.
Médor et Blanchette, par la MÊME.
Mignonne, par la MÊME.
La Poule aux œufs d'or, par Jules FÉLIX.
  Chaque vol. cart., tr. dor... .... 2 »

FORMAT in-8. — *Seize jolies lithographies coloriées.*

Le Marquis de Carabas, par Jules ROSTAING.
Petites Histoires, par Mme J. J. LAMBERT.
Petites Aventures d'une poupée, par la MÊME.
Le Seigneur Polichinelle, par Jules ROSTAING.
  Chaque vol. cart., fig. col........................ 4 »

FORMAT in-4. — *Seize jolies lithographies coloriées.*

Mon ami Pierrot, par Jules ROSTAING.
La Fée Sagesse, par Mme J. J LAMBERT.
  Chaque vol. cart., fig. col..... .. ... 5 »

Pour recevoir par la poste les ouvrages portés au présent Catalogue, envoyer le montant en un mandat ou en timbres-poste de 20 centimes ; ajouter 50 centimes par volume pour l'affranchissement.

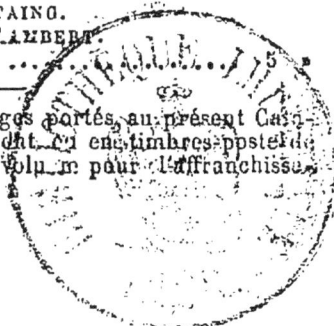

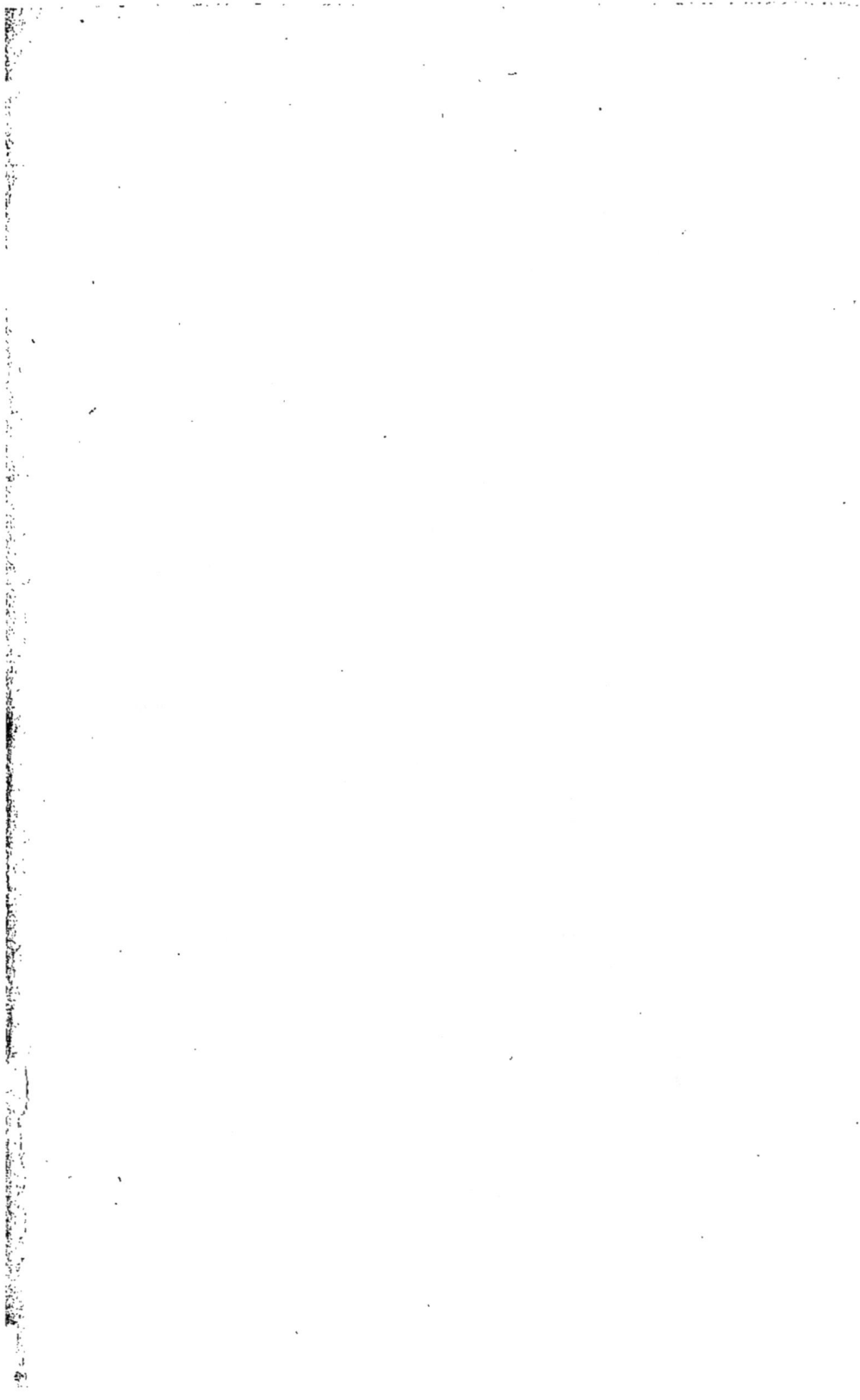

www.ingramcontent.com/pod-product-compliance
Lightning Source LLC
Chambersburg PA
CBHW070128100426
42744CB00009B/1766